역사 교과서 국정화,
왜 문제인가

역사 교과서 국정화,
왜 문제인가

김한종 지음

cum libro
책과함께

역사 교과서 국정화는 왜 문제인가

역사 교과서 국정화 문제로 온 나라가 시끄럽다. 역사 교과서 내용을 둘러싸고 사회적 갈등이 일어난 것이 우리뿐만은 아니지만, 이처럼 나라 전체가 떠들썩한 것은 우리가 세계 유일의 국가일 것이다. 하기야 우리나라가 세계 유일인 것이 역사 교과서 국정화뿐이겠는가? 세계 유일의 분단국가이며, 민주화와 경제 성장을 이룬 보기 드문 국가이면서도 탈이데올로기 시대에 냉전 논리가 여전히 먹혀들어가고 있는 나라이기도 하다. 문제는 세계적으로 드문 이런 정치사회 현상들이 역사 교과서 국정화와도 연관되어 있다는 점이다.

《한국사》교과서를 국정으로 발행해야 한다고 주장하는 사람들과 이를 반대하는 사람들의 논리가 그리 복잡한 것은 아니다. 정부는 기존의 검정 《한국사》교과서가 좌편향되었다고 주장한다. 기존의 검정제로는 이를 바로잡을 수 없다고 한다. 교육부 장관이 수정 명령을 내릴 수 있지만 개인이 집필한 교과서 내용을 바꾸는 데는 한계가 있으며, 더구나 저자들이 수정 명령에 반발하는 상황에서는 어렵다는 것이다. 반대하는 사람들은 《한국사》교과서의 국정화에 정치적 목적이 개입되어 있다고 본다. 정치 권력이나 자신들의 행위를 정당화하는 데 역사를 이용하려 한다고 의심한다. 앞으로 나올 국정 《한국사》교과서는 '친일, 독재를 미화하는 교과서'가 될 것이라고 비판한다. 어느 편의 주장이 옳은지 따져보는 일은 잠시 미루어놓기로 하자. 어차피 이 책 전체에서 이와 관련된 이야기를 하게 될 테니까.

이처럼 사회적 논란이 뜨겁고 관점이 크게 엇갈린다면, 《한국사》교과서를 국정화하는 것은 잘못된 일인가? 이 질문에 대한 답은 명확하다. '그렇다.' 한국사 교과서뿐 아니라 교과서를 국정으로 발행하는 제도는 바람직하지 않다. 더구나 역사 교과서와 같이 인문, 사회 과목의 교과서는 더욱 나쁘다.

나는 정부가 발행하려고 하는 국정《한국사》교과서가 '친일·독재 미화 교과서'가 될 것이라는 말에 무조건 동의하지는 않는다. 기존의 검인정《한국사》교과서가 좌편향되었다는 말에는 더욱 동의하지 않는다. '친일·독재 미화'와 '좌편향'의 의미가 무엇인지도 보는 사람에 따라 다를 수 있지만, 적어도 사회에서 일반적으로 사용되는 뉘앙스에 비추어 보면 말이다.

정부나 집권 새누리당, 그리고 국정제를 찬성하는 사람들은 반박한다. 지금이 어떤 세상인데 독재와 친일을 미화할 수 있겠느냐고. 국정제에 강력한 의지를 보이는 대통령은 한 술 더 뜬다. 그런 교과서가 나오면 나라도 용서하지 않겠다고. 국정제를 비판하는 사람들이 아직 집필이 시작되지도 않은 교과서의 성격을 미리 규정해서 공연히 트집을 잡는다는 것이다. 그런 주장이 일리가 있을 수도 있다.

국정《한국사》교과서의 성격이 어떻다고 단정할 수는 없다. 요즘 세상에 드러내놓고 독재나 친일을 미화할 리는 없을 것 같다. 다만 그렇다고 해서 은근히 독재를 합리화할 가능성이나 친일적 행위를 정당화할 가능성 자체가 없는 것은 아니다. 이는 역사를 보는 관점이나 해석과 밀접한 관련이 있으며, 기존 학계의 한국현대사 해석이나 교과서 비판에 비추어 의심이 되는 부분이다. 이에 대해서는 앞으로 좀 더 따져보기로 하자.

문제는 앞으로 발행될 국정《한국사》교과서가 기존《한국사》교과서의 '좌편향'을 바로잡는 교과서가 되건 아니건 간에, '친일·독재 미화' 교과서가 되건 아니건 간에, 역사 교과서 국정화는 근본적으로 나쁘다는 점이다. 왜 그런가? 국정제는 역사 교과서 발행제도로 적합하지 않기 때문이다. 누가 집필하건 간에 국정 역사 교과서는 역사 해석을 하나로 통일한다.

역사적 사실은 하나의 해석이다. 역사 해석이 하나라고 주장하는 사람은 없다. 이른바 보수학자이건 진보학자이건, 한국사 전공자이건 동·서양사 전공자이건, 역사학자이건 사회과학자이건 간에 역사적 사실이 과학과 같이 객관화된 사실이며 해석이 하나라고 주장하는 사람은 없다. 정부나 국정제를 지지하는 일부 학자들이 그렇게 강조하는 '90퍼센트가 좌편향되었다'는 한국사 전공자가 아닌 다른 역사 분야 전공자의 말을 빌려보자.

서양사학계 원로인 차하순 교수의 이야기다. 2013년 교학사 《한국사》 교과서가 사회적으로 논란이 되었을 때, 이를 지지한 분이기도 하다. "역사 지식은 단순히 연대, 인물, 사건 등이 나열되는 지식이라기보다는 일종의 자기 인식이요 자기 발견이라고 할 수 있다. 그것은 사료 속에 남아 있는 인간의 과거 행위에 관한 의문을 해결하려는 '특별한 사고 형식'이다."(《역사의 본질과 인식》 초판, 학연사, 16쪽)

교육부가 2015년 9월 23일에 고시한 교육과정에서도 역사 해석의 다양성을 강조한다. "학습자 스스로 역사적 자료를 활용하며 비교, 분석, 종합하는 능력을 향상시키고 과거에 대한 다양한 해석과 시각이 있을 수 있다는 것을 인식한다."('중학교 역사' 목표)

그러기에 차하순 교수는 다음과 같이 지적한다. "결론적으로, 어떠한 역사 서술이나 역사책도 유일·절대적인 것이 될 수는 없다. 하나의 특정 관점에 따라 고정된 단일 교과서란 역사에 관한 한 상상하기 어렵다. 왜냐하면 역사 해석은 다양한 시각에 입각하여 제시되며, 그것은 항상 수정을 받게 될 운명에 놓여 있기 때문이다."(《역사의 본질과 인식》 초판, 학연사, 39쪽)

그런데도 정부는 교과서를 국정화해서 역사 해석을 하나로 통일해서 가르쳐야 한다고 말한다. 자기모순이다. 역사 이론의 기본은 말할 것도 없고, 어쩌면 국정화에 집착하다 보니 교과서 서술의 기본이 되는 국가교육과정에 뭐라고 썼는지 기억하지 못하고 있는지 모르겠다. 교육과정을 만들 때 내용에만 신경을 썼지 목표를 뭐라고 했는지에는 관심을 두지 않았기 때문일 수도 있다. 그렇다면 교육과정을 신경 써서 만드는 것보다는 오히려 상식적으로 서술하는 편이 올바른 역사적 관점을 담게 되는 것인지도 모른다.

그렇지만 상식이 통하지 않는 일도 종종 일어난다. 바로 이번 역사 교과서 국정화 과정이다. 역사 교과서 국정화는 사람들이 일반적으로 생각했던 것보다 너무나 쉽게 결정되었다. 교육부 장관이 역사 교과서를 국정화하겠다고 행정예고를 했고, 20일 후에 확정고시를 했다. 이것으로 끝이었다. 더 이상의 법률적, 행정적 조치는 필요 없었다.

특정 과목의 교과서를 어떤 방식으로 발행할 것인지 결정하는 절차는 이처럼 간단하다. 그 이유는, 교과서 발행 제도와 관련된 법이나 규정을 만들 때 그것이 정치적 문제가 되거나 사회적 갈등을 빚을 일이라고 예상하기 못했기 때문일 것이다. 이런 문제가 일어날 수 있다고 생각되었다면, 이번에 야당이 추진한 국정화 저지법 발의나 교과서 발행 제도 개편 요건을 법으로 정하자는 의견이 나왔을 것이다. 그렇지만 이제까지 이런 논의가 사회에서 본격화된 적은 없었다.

그런 점에서 보면 《한국사》 교과서 국정화는 정말로 의외의 사건이었다. 박근혜 정부는 이미 몇 년 전부터 《한국사》 교과서 국정제를 검토하고 있음을 넌지시 흘렸다. 그런 다음에는 집권 여당의 대표가 앞장섰다. 이어 대통령의 확고한 의지를 확인한 여당 정치인들이 너나 할 것 없이 이를 지지했던 것이다. 역시 눈치가 빠른 것이 정치인들인가 보다.

역사 교과서 국정화에 대한 비판은 예상보다 훨씬 거세다. 여론 조사에서도 부정적인 견해가 훨씬 높다. 국정제 추진이 본격화되면서, 이런 경향은 훨씬 커졌다. 그런데도 왜 대통령과 정부, 집권 여당은 이토록 《한국사》 교과서 국정화에 진력하는 것일까? 일부 사람들은 왜 이를 지지하는 것일까? 나로서는 정확한 목적이나 이유를 확인할 길이 없다. 물론 이들 간에도 속마음이 하나가 아닐 수도 있겠다.

언론에서는 역사 교과서 국정화의 배경이나 의도를 이러저러하게 진단한다. 사회에서도 많은 추측들이 나온다. 역사 교과서 국정화 추진의 배경을 지켜보면서 나도 이런 이야기를 듣고 판단해본다. 거기에 나 자신의 생각을 덧붙여서 왜 역사 교과서를 국정화하려고 하는지, 이 문제가 앞으로 어떻게 전개될지, 그리고 국정 역사 교과서가 한국 사회에 어떤 영향을 미칠지를 짐작해본다. 그런 생각에는 역사 교과서가 어떤 방향으로 나아가야 할지도 포함된다.

이 책에서는 그런 이야기를 해보고자 한다. 그동안 진행된 역사 교과서 국정화 과정을 되돌아보고 거기에 들어 있는 목적이 무엇인지 추론하겠다. 그리고 내가 알고 있는 역사 교육과 역사교과서에 대한 지식에 비추어, 국정제 논리의 문제점이 무엇인지를 지적해보고자 한다. 이런 논의는 자연스럽게 역사 교과서의 발행제도나 성격의 방향이 어떠해야 하는지로 이어질 것이다.

2장 국정 역사 교과서의 역사

3장 국정화 논리의 오류는 무엇인가

1장

역사 교과서는
어떻게
만들어지는가

1

우리나라 역사 교과서 발행제도

교과서가 무엇인지 모르는 사람은 없을 것이다. 그렇지만 교과서가 어떤 성격의 책인지 생각하는 사람은 얼마나 될까? 사람들은 종종 '교과서적이다'라는 표현을 쓴다. 모범적이라든가 틀림이 없다는 긍정적 의미로 사용되기도 하고, 틀에 박혀서 융통성이나 창의성이 없다는 부정적 의미로 쓰이기도 한다. 그러나 과연 역사 교과서는 '교과서적인' 책일까? 만일 역사 교과서가 그런 책이라면 이처럼 사회가 시끄럽지는 않을 것이다.

누구나 알다시피 교과서는 학교에서 교과를 가르치는 데 사용되는 기본 교재다. '수업' 하면 떠오르는 것이 교과서다. 그만큼 학교 교육에서 교과서가 차지하는 비중은 절대적이다. 물론 "교과서는 수업에서 사용되는 교재의 하나다"라든가 "교과서를 성전시(聖典視)하지 말아야 한다"라는 말은 오래전부터 있어왔다. 교과서에 의존하는 수업에서 벗어나는 것이 교실 수업을 개혁하는 열쇠라고 믿는 사람도 많다. 교과서 이외의 학습자료를 활용하는 수업이 늘어나고 있으며, 학교 현장에서 장려되기도 한다. 그렇지만 여전히 대부분의 사람들은 이런 말이 한국의 현실과 거리가 멀다고 생각한다. 국어, 영어, 수학 같은 과목보다 역사는 더 그렇다.

하나의 '정답'을 찾아가는 수학보다 '해석'이 담겨 있는 역사 수업이 교과서에 더 의존한다는 현실은 아이러니다. 그러나 서술 내용이 '정답'이 아닌 '해석'이라는 점이 역사 교과서에 대한 사회적 관심이 더 높은 이유이기도 하다. 우리와 달리 교과서가 학교 교육에서 절대적인 위치를 차지하지 않는 나라들에서도, 교과서가 가지는 상징적 의미는 결코 적지 않다. 과연 역사 교과서는 어떤 성격의 책일까? 교과서의 성격에는 다양한 요인이 영향을 미친다. 발행제도도 그중의 하나다. 역사 교과서를 언급하기에 앞서 먼저 교과서 발행제도를 전반적으로 살펴보는 것에서 시작해보자.

교과서 발행제도 – 국정, 검정, 인정, 자유발행제

—

'국정'이니 '검정'이니 하는 말은 이제 일반 사람들에게도 그리 낯설지 않다. 이 말들은 교과서 발행제도를 구분한 것이다. 대부분의 나라들은 법이나 제도로 교과서 발행의 조건과 절차를 규정한다. 교과서를 누가 발행할 수 있고, 구성 요건은 무엇이며, 어떻게 공급할 것인지를 정하는 것이다. 여기에 명시되지 않은 것은 관행에 의존하기도 한다.

일반적으로 교과서 발행제도는 국정, 검정, 인정, 자유발행제로 나뉜다. 국정은 국가나 국가기관이 교과서를 제작, 발행하는 제도다. 보급은 국가가 직접 하기도 하지만, 민간 출판사나 공급 기관에 맡기는 경우도 있다. 국정 교과서라고 하더라도 반드시 한 과목에 한 종만을 발행해야 하는 것은 아니지만, 단일본인 경우가 일반적이다. 그래서 국정이라고 하면 으레 하나의 교과서를 떠올린다. 검정제에서는 민간 출판사가 교과서를 만들지만 국가나 국가기관의 심사를 통과해야 교과서로 사용할 수 있다. 교과서 검정제를 시행하는 경우 일반적으로 국가교육과정(national curriculum)을 운영하며, 여기에 교과서가 서술해야 할 내용을 제시한다.

검정 과정에서는 교과서 내용이나 편집 등의 사전 기준을 정해놓고, 그 기준에 맞게 교과서가 제작되었는지를 심사한다. 인정은 민간에서 교과서를 발행하되, 교과서 사용 여부를 승인받는다는 점에서는 검정과 마찬가지다. 그러나 교과서 내용 요소나 제작 요건을 사전에 정해놓지 않는 경우가 대부분이라는 점에서 차이가 있다. 인정 교과서는 심사 주체가 국가보다 교육자치단체인 경우가 많다. 예를 들어 2001년부터 2009년까지 사용된 초등학교 3학년, 4학년용 사회 교과서 중 일부는 지역 교과서를 인정 도서로 발행했다. 3학년 2학기에는 《우리 고장의 생활》(서울 광진구·성동구)이나 《우리 고장의 생활》(청주시)과 같은 시·군 단위의 지역화 교과서를 지역 교육청에서 발행했다. 4학년 1학기에는 '사회과탐구'용으로 《서울특별시의 생활》, 《충청북도의 생활》과 같은 시·도 단위의 인정 도서가 있었다. 서울시 교육청에서 초등학교용으로 개발한 《독도야 사랑해》나 중학교와 고등학교용 《아름다운 독도》 같은 교재도 인정 도서다. 그러나 국가나 공공기관의 심사를 통과해야 교과서로 사용된다는 점에서 검정과 인정을 구분하기 애매한 경우도 있다. '검인정'이라는 말이 보편화된 것도 이 때문이다. 그렇지만 사람들이 '검인정 교과서'라고 부르는 책들은 대부분 검정 도서다.

자유발행제는 말 그대로 교과서의 제작과 보급에 국가나 공공기관이 일절 개입하지 않는 제도다. 대체로 민간 출판사가 교과용 도서를 만들어 자유롭게 보급한다. 이 책을 학교에서 채택하여 교재로 사용하면 교과서가 된다. 다만 교과서를 채택할 때 학교에서 결정하기도 하지만, 우리나라로 치면 지역 교육청 같은 단위에서 특정 교과서를 선정하거나 선정 범위를 정하기도 한다. 자유발행제에서는 출판사의 역량이 교과서 채택에 큰 영향을 미칠 수도 있다.

교육부 장관에게 권한이 집중된
한국의 교과서 발행제도

—

앞에서 교과서 발행 방식을 국정, 검정, 인정, 자유발행제로 구분했지만, 같은 발행제도라고 하더라도 구체적인 운영 방식은 나라마다 차이가 난다. 실제로 교과서들이 어떤 제도와 절차에 따라 발행되는지 보자. 일반적인 국가들에 비해 한국은 교과서 발행제도가 법에 구체적으로 규정되어 있는 편이다. 법에 명시된 교과서 발행제는 국정, 검정, 인정 제도다. 교과서 제도를 담고 있는 가장 상위 규정은 '초·중등교육법'이다. '초·중등교육법'에서는 교과서의 사용과 발행을 다음과 같이 정하고 있다.

제29조(교과용 도서의 사용) ① 학교에서는 국가가 저작권을 가지고 있거나 교육부 장관이 검정하거나 인정한 교과용 도서를 사용하여야 한다.

② 교과용 도서의 범위·저작·검정·인정·발행·공급·선정 및 가격 사정(查定) 등에 필요한 사항은 대통령령으로 정한다.

여기에서 보듯이 교과서는 '교과용 도서'에 속한다. 교과용 도서에는 교과서 외에 지도서가 있지만, 사회적 관심과 논란의 대상이 되고 있는 것은 교과서이므로 여기에 초점을 맞추어 논의를 하도록 하자. 위의 규정에서 말하는 '국가가 저작권을 가지고 있'는 교과용 도서가 국정 교과서이므로, 학교에서 사용하는 교과서는 국정이거나 검정, 인정 도서여야 한다. '초·중등교육법' 제29조 ②항의 위임에 따

라 대통령령으로 만들어진 것이 '교과용 도서에 관한 규정'
이다. '교과용 도서에 관한 규정'은 국정, 검정, 인정 도서를
다음과 같이 정의한다.

제2조(정의)

4. "국정 도서"라 함은 교육부가 저작권을 가진 교과용 도서를 말
   한다.

5. "검정 도서"라 함은 교육부 장관의 검정을 받은 교과용 도서를 말
   한다.

6. "인정 도서"라 함은 국정 도서·검정 도서가 없는 경우 또는 이를
   사용하기 곤란하거나 보충할 필요가 있는 경우에 사용하기 위하
   여 교육부 장관의 인정을 받은 교과용 도서를 말한다.

  국정, 검정, 인정의 세 종류가 있지만 기본적으로 학교
에서 사용하는 교과서는 국정과 검정의 두 가지로 구분된
다는 사실을 알 수 있다. 인정 도서는 국정이나 검정 도서
가 없는 특정 교과서에 한정된다. 설사 인정 도서를 만든다
고 하더라도 국정이나 검정 교과서 대신 수업에서 사용해
서는 안 된다. "② 학교의 장은 국정 도서 또는 검정 도서를

보충할 목적으로 인정을 받은 인정 도서를 국정 도서 또는 검정도서에 갈음하여 선정·사용하여서는 아니 된다"(교과용 도서에 관한 규정 제17조 ②항)는 것이다.

일부 시도 교육감들은《한국사》교과서가 국정화되면 인정 도서를 개발하여 학교에 보급하겠다고 발표했다. 그러자 교육부에서는 만약 교육청이 국정《한국사》교과서의 대안으로 인정 교과서를 개발한다면 법적 조치를 취하겠다고 경고했다. 그 뉴스를 보면서 내가 떠올린 것이 이 조항이다. '갈음'이라는 결코 쉽지 않은 단어의 사전적 뜻은 '다른 것으로 바꾸어 대신함'이다. 이 조항대로 하면 국정《한국사》교과서를 제쳐놓고 시도 교육청이 개발한 인정 도서를 사용하는 것은 쉽지 않다. 그러나 국정《한국사》교과서를 보충할 목적으로 인정 도서를 사용하면 된다. 다만 이때 '보충할 목적'이 아니라 '실질적으로 바꾸어 사용하는 것'이라고 교육부가 문제 삼을 수 있다. 인정《한국사》교과서의 개발과 사용을 둘러싸고 교육청과 교육부 사이에 갈등이 예상된다.

교육부가《한국사》교과서 국정화를 고시한 후 교육청들도 대안 역사 교재 개발을 가시화하고 있다. 전라북도, 강원도, 충청남도, 광주시 교육청은 공동으로 교재를 개발하고 여기에 부산시와 경상남도 교육청도 참가할 가능성이 있다고 한다. 이와 별도로 서울과 경기 교육청도 역사 교재를 개발할 예정이라고 한다.《한국사》교과서 국정화를 놓고 논란을 벌였던 교육부와 시도 교육청의 또 다른 충돌이 예고되는 지점이다. 이 문제를 깊이 살피는 것이 이 글의 목적은 아니므로, 인정 도서 개발에 대해서는 이 정도로 그치기로 하자.

우리가 눈여겨볼 것은 '교과용 도서에 관한 규정'에서 국정이건 검정이건 간에 교과서를 관리하는 최종 권한이 교육부 장관에게 있다는 점이다. 어떤 과목의 교과서를 국정으로 하고, 어떤 과목을 검정으로 할 것인가?《한국사》교과서 국정화에 대한 논란 과정에서 잘 알려진 것처럼, 이를 결정하는 권한도 전적으로 교육부 장관에게 있다. '교과용 도서에 관한 규정'은 다음과 같이 규정한다.

제4조(국정 도서) 국정 도서는 교육부 장관이 정하여 고시하는 교과목의 교과용 도서로 한다.

제5조(국정 도서의 편찬) 국정 도서는 교육부가 편찬한다. 다만, 교육

부 장관이 필요하다고 인정하는 국정 도서는 연구기관 또는 대학 등에 위탁하여 편찬할 수 있다.

제6조(검정도서) 검정 도서는 제4조의 규정에 의한 국정 도서 외의 것으로서 교육부 장관이 정하여 고시하는 교과목의 교과용 도서로 한다.

위 규정에서 볼 수 있는 바와 같이 어떤 과목을 국정으로 할 것인가, 검정으로 할 것인가는 교육부 장관의 고시로 결정된다. 물론 일정 기간 행정예고를 하고 그에 대한 의견을 들어보는 절차가 있기는 하다. 그렇지만 의견을 반드시 수용해야 하는 것도 아니고 또 의견의 수용 방식에 대한 강제 규정이 있는 것도 아니므로, 실제로는 교육부 장관의 판단이나 의지에 달려 있다고 하겠다. 이처럼 온 나라를 떠들썩하게 만든 교과서 발행제도의 규정은 국회를 통과해야 하는 법률도 아니고, 국무회의를 통과해야 하는 대통령령도 아니다.

왜 이런 식의 제도가 만들어졌을까? 아마도 이런 논란이 벌어질 것이라고 예측하지 못했기 때문일 것이다. 어떤 과목의 교과서를 어떤 방식으로 발행할 것인가는 정치적·사회적 논란거리가 아니고, 그저 전문가의 의견을 참고해서 해당 행정부서가 결정할 일이라고 생각했을 것이다. 더구나 교육부 장관은 교과서 내용을 수정할 권한이 있다. 국정교과서의 경우 직접 수정하면 되고, 검정 교과서는 저작자나 발행자에게 수정을 명할 수 있다(교과용 도서에 관한 규정 제26조 ①항). 결과적으로 보면 이런 취지의 교과서 발행 절차를 역사 교과서 국정화에 악용한 셈이다.

교육과정과 교과서의 내용 요소
—

역사도 학교 과목의 하나이므로, 역사 교과서도 위에서 살펴본 일반적인 교과서 발행제도를 따른다. 그렇지만 구체적인 발행 과정에는 과목마다 차이가 있다. 특히 역사 교과서의 발행은 다른 과목에 비해 통제를 많이 받았다. 다양한 제도적 장치를 통해 역사 교과서의 자유로운 발행을 어렵게 하고 있다.

우선 국가교육과정 체제를 취하고 있는 우리나라의 경우, 교과서가 담아야 할 기본적인 내용 요소와 단원 구성은 일차적으로 교육과정에 담겨 있다. 각 과목의 교육과정은 교과서의 내용 요소, 대단원과 그 안에 들어가야 할 내용을 제시한다. 예를 들어 2011년에 고시한 고등학교 '한국사' 교육과정의 내용 체계를 보면 〈표 1〉과 같다. 2015년 현재 사용하고 있는 교과서의 교육과정이다.

| 표 1 | 2009개정 교육과정 고등학교 '한국사' 내용 요소(2011년 고시)

영역	내용 요소
우리 역사의 형성과 고대 국가의 발전	• 선사문화 • 고조선의 성립과 초기 철기 여러 나라의 성장 • 삼국과 가야의 발전과 대외 관계 • 통일신라와 발해의 발전과 사회 모습 • 고대 국가의 국제 교류와 문화 발전
고려 귀족 사회의 형성과 변천	• 고려의 건국과 동아시아의 정세 • 고려의 경제제도와 경제 생활 • 고려의 신분제도와 사회 모습 • 고려의 사상적 특징 • 고려의 대외 관계와 고려 사회의 개방성
조선 유교 사회의 성립과 변화	• 조선의 건국과 유교적 통치체제 정비, 국제 관계 • 조선의 신분제와 양반 문화 • 조선의 대외 관계와 양난의 대내외적 영향 • 조선 후기의 정치 변동과 제도 개편 • 조선 후기의 사회·경제적 변동 • 조선 후기 사회개혁론의 대두 • 서민 문화의 전개와 영향

국제 질서의 변동과 근대국가 수립 운동	• 서구 열강의 접근과 조선의 대응 • 문호 개방 및 개화사상과 위정척사사상 • 근대적 개혁 추진 과정 • 근대국가 수립을 위한 노력 • 국권 수호운동의 전개와 사상적 배경 • 개항 이후의 경제 변화와 사회 변화 • 독도와 간도
일제강점과 민족운동의 전개	• 국제 정세의 변동과 동아시아의 변화 • 일본 제국주의의 침략과 식민 통치 방식의 변화 • 3·1운동의 전개와 대한민국 임시정부의 활동 • 국내 민족운동의 전개 • 국외 민족운동의 전개 • 일제강점기의 사회·경제적 변화 • 건국 노력과 국제 사회의 움직임 파악
대한민국의 발전과 현대 세계의 변화	• 냉전 질서의 형성과 대한민국 정부의 수립 • 6·25전쟁의 원인과 전개 과정 및 참상과 영향 • 자유민주주의의 발전 • 경제 발전과 사회 변화 • 북한의 실상과 남북 간의 통일 노력 • 올바른 역사관과 주권의식 • 국제적 위상의 향상

　왼쪽의 '영역'은 대단원명이고, 오른쪽의 '내용 요소'는 대단원에서 다루어야 할 내용이다. 현재 8종인《한국사》교과서는 여기에 따라 똑같이 대단원을 구성하고 있다. 대단원 내용 서술도 내용 요소를 기초로 한다. 더구나 교육과정은 '영역 및 학습 내용 성취 기준'이라는 항목을 두어 내용

요소를 어떻게 서술해야 하는지를 구체적으로 제시하고 있다. 가장 많이 논란이 되는 현대사 단원이 어떻게 진술되어 있는지 살펴보자.

(6) 대한민국의 발전과 현대 세계의 변화

제1차 세계대전 이후 세계 질서가 재편되는 상황에서 대한민국 정부가 수립되는 과정과 일제 잔재를 청산하기 위한 노력을 파악하고, 6·25전쟁의 원인 및 전개 과정을 살펴본다. 또한 1960년대 이후 자유민주주의 발전과 경제 성장 과정을 이해하고, 국제 정세의 변화 속에서 높아진 대한민국의 국제적 위상을 파악한다. 시기는 8·15광복부터 현재까지를 대상으로 한다.

① 제2차 세계대전 이후 냉전 질서가 형성되는 가운데 8·15광복 이후에 전개된 대한민국 정부 수립 과정을 파악한다.

② 6·25전쟁의 원인과 과정 및 그 참상과 영향을 살펴보고 분단과 전쟁을 겪은 다른 나라의 사례를 찾아본다.

③ 4·19혁명으로부터 오늘날에 이르는 자유민주주의의 발전 과정과 남겨진 과제를 살펴본다.

④ 산업화를 통해 이룩한 경제 발전의 성과와 과제, 사회·문화 전반에 걸친 변화를 이해한다.

⑤ 북한 사회의 변화와 오늘날의 실상을 살펴보고 남북한 사이에서 전개된 화해와 협력을 위한 노력을 파악한다.

⑥ 독도를 비롯한 동북아시아의 영토 문제, 역사 갈등, 과거사 문제 등을 탐구하여 올바른 역사관과 주권의식을 확립한다.

⑦ 세계화가 진전되는 가운데 국제 사회에서 높아진 대한민국의 위상을 알아보고 국제 사회에 공헌하는 방안을 탐색한다.

위와 같이 7개의 내용 요소를 교과서에 어떻게 서술할지를 상당히 구체적으로 제시하고 있다. 교과서들은 대체로 이 일곱 가지 내용 요소나 성취 기준에 따라 중단원을 구성한다. 대단원과 달리 중단원의 경우는 교과서마다 약간 차이가 있지만, 기본적으로 내용 요소나 성취 기준이 제시하는 내용을 충실히 담는다. 이처럼 교육과정은 교과서 내용 구성을 좌우한다. 그나마 이 정도의 교육과정도 이전과 비교하면 많이 간략해진 것이다. 2007년 이전에 고시된 교육과정에서는 대단원에 그치지 않고 중단원명과 그 안에 들어가야 할 내용까지 제시했다. 이에 대한 비판이 거세지자, '교육과정 대강화(大綱化)'라는 명목으로 중단원명과 그 내용을 제시하지 않음으로써 다양한 내용 구성이나 서술이 담긴 교과서 발행을 유도한다는 취지로 만들어진 것이 지금의 교육과정이다. 그래도 다른 나라의 교육과정과 비교하면 훨씬 자세하다. 검정 교과서 심사에서 이 같은 교육과정을 준수했는지의 여부를 따지기 때문에 교과서를 집필할 때 반드시 이를 따를 수밖에 없다.

통제 많은 교과서 집필과
까다로운 검정 절차
—

역사 교과서의 경우 집필 기준이 존재한다. 집필 기준안은 원래 '국사 교육 내용 전개의 준거안'이라는 이름으로 1987년에 처음 발표되었다. 이후 교육과정이 개정되고 이에 맞춰 교과서가 새로 개발될 때마다 준거안도 새로 만들어졌다. 그러다가 2007년에 새로 고시된 교육과정에 따라 개발하는 교과서부터 이름을 바꾸어 '역사 교과서 집필 기준'이 적용되었다. 2007개정 교육과정에서 '역사'라는 독립 과목이 생기고 교과서가 검정으로 바뀜에 따라 내용을 어느 정도 통일할 필요를 느꼈기 때문일 것이다.

'집필 기준'에서는 중요한 주제나 역사적 사실에 대한 교과서 서술 방향을 제시한다. 어떤 역사적 사실을 놓고 서로 다른 학설이 존재할 경우에 교과서에 이를 어떻게 반영할 것인지를 안내하기도 한다. '고등학교《한국사》교과서 집 필 기준'에서 두 가지 사례를 보도록 하자.

(1) 우리 역사의 형성과 고대 국가의 발전
③ 삼국 및 가야의 발전 과정을 통해 고대 국가의 특성을 파악하고, 고대 국가의 대외 관계를 살펴본다.

(······)

삼국의 국가 형성 시기와 초기 상황에 대해 논란이 있음을 유의 하며, 삼국의 서술은 고구려, 백제, 신라 순서로 한다. 백제의 요 서경략설은 학계의 논란이 적지 않다는 점에 유의한다. 최근의 고고학적 연구 성과와 새로 발견된 금석문 자료를 활용하도록 권장한다.

(6) 대한민국의 발전과 현대 세계의 변화
① 제2차 세계대전 이후 냉전 질서가 형성되는 가운데, 8·15 광복 이후 전개된 대한민국 정부 수립 과정을 파악한다.
제2차 세계대전 이후 국제 정세와 냉전의 형성 과정을 기술한

다. 한반도 38도선을 경계로 남한에는 미군이, 북한에는 소련군이 진주하는 과정을 설명한다. 모스크바 3상 회담의 결정에 따른 신탁통치 논란과 미·소 공동위원회 활동 상황을 소개한다. 미군정 3년 동안 국내에서 전개된 정치 세력들의 동향과 대한민국 정부 수립 및 국가 기틀이 마련되는 과정을 설명한다.

광복은 연합국의 노력만으로 이루어진 타율적인 것이 아니라 우리 민족의 끊임없는 독립운동의 결과임을 유의한다. 대한민국 정부는 유엔으로부터 한반도의 유일한 합법정부로 승인받은 사실에 유의한다. 정부 수립 전후 단독정부 수립을 둘러싼 갈등으로 나타난 제주 4·3사건 및 친일파 청산 노력 등을 기술하도록 유의한다.

'백제의 요서경략설은 학계의 논란이 적지 않다는 점에 유의한다'라는 집필 기준은 이를 받아들여 서술하라는 것인지 말라는 것인지 애매하다. 그러나 이전 2009년에 발표된 집필 기준에서 '백제가 요서 지방을 차지하고 군을 설치하였다는 기사는 (……) 사실로 볼 수 있다'는 내용이 빠져 있었다. 이에 따라 교과서들도 백제의 요서 진출과 관련된 내용을 줄이거나 약하게 서술했다.

그 아래의 내용은 현대사 집필 기준의 첫 번째 항목이다. 이에 따라 교과서들은 집필 기준에서 제시하고 있는 주요 내용들을 모두 담았다. 광복을 독립운동의 결과로 보거나 대한민국 정부가 유엔의 승인을 받은 유일한 합법정부라는 사실을 서술한 것도 마찬가지다.

당연히 교과서 검정 기준에는 '역사 교과서 집필 기준을 준수하였는가?'도 포함되어 있다. 교육과정뿐 아니라 집필 기준도 교과서 서술에 대한 강한 구속력을 가지고 있는 것이다.

이 밖에 '편수자료'가 있다. 편수자료에는 역사적 사실의 용어가 제시되어 있다. 단순히 용어를 제시하는 데 그치고 있지만, 이 또한 역사 해석이나 역사적 사실의 평가와 밀접한 관련이 있다. 위의 '집필 기준'에서 예시한 동학농민운동의 경우, 학계나 사회 그리고 역사 개설서 등에서 '동학농민운동', '동학농민전쟁', '동학농민혁명' 등으로 다양하게 불린다. 어떤 용어를 사용하는가는 동학농민운동의 평가와 밀접한 관련이 있다. 그러나 교과서에서는 편수자료가 제시한 용어인 '동학농민운동'으로 표기된다. '홍경래의 난', '갑오개혁', '애국계몽운동', '남북 협상', '여수·

순천10·19사건', '10·26사태' 등이 편수자료에서 규정하고 있는 용어들이다. 묘청의 난은 이전 교과서에는 '묘청의 서경 천도 운동'이라고 서술되었지만, 2013년에 발행된 중학교《역사》와 2014년에 발행된 고등학교《한국사》교과서에서는 새로운 편수 용어에 따라 '묘청의 난'으로 바뀌었다. 같은 역사적 사실이지만 '묘청의 난'과 '묘청의 서경 천도 운동' 사이에는 역사 해석이나 평가에 상당한 차이가 있다. 결국 용어의 통일이라고 하지만, 역사적 사실의 해석이나 평가를 상당 부분 하나로 통일하는 결과를 가져온다.

국정 교과서는 사실상 이 단계에서 교과서 개발을 위한 공개적인 기초 작업이 끝난다. 다음으로 집필 작업에 들어가는데, 그 내용은 교과서가 발행된 후에나 알 수 있다. 물론 중간에 검토 작업이 있겠지만 일반인은 확인하기 어려울 것이다. 더구나 이번 국정화의 경우와 같이 집필자 명단조차 공개하지 않는 '비밀주의' 방식으로 교과서를 개발한다면 두말할 나위도 없다. 국정 교과서라도 일부 초등 교과서는 공모를 통해 개발팀을 선정했다. 그러나 국정 역사 교과서 개발에서는 애초 이런 방식을 생각하지도 않았다.

그러나 검정 교과서의 개발 과정은 이보다 복잡하며, 이후의 과정도 어느 정도 밖으로 드러난다. 먼저 검정 공고를 내야 한다. 검정 공고는 교과서가 처음 사용되는 시기보다 적어도 1년 6개월 전에 내야 하므로, 2015년 9월에 교육과정을 고시한 다음에 2017년 3월부터 사용될 교과서를 개발하는 것은 제도적으로 불가능한 일이다. 하지만 국정 교과서의 경우에는 이런 규정이 없기 때문에 정부에서 국정 역사 교과서를 개발하여 2017년 3월부터 사용하겠다고 한 것이다. 새로운 검정 교과서와 마찬가지로 2018년부터 사용하는 것이 자연스러울 텐데 왜 구태여 무리를 해가면서 1년을 앞당기겠다는 것인지는 의문이다. 1년을 더 기다리지 못할 정도로 검정 역사 교과서 내용이 못마땅하다는 뜻인가.

역사 교과서 검정 업무를 담당하는 국사편찬위원회는 2011년 8월 26일에 검정 공고를 내서 2015년 현재 사용하고 있는 교과서 개발 일정을 공식적으로 제시했다. 이에 따라 중학교 《역사》 교과서는 2012년에 검정 심사를 하여 2013년 3월부터 학교에 적용했으며, 고등학교 《한국사》, 《동아시아사》, 《세계사》는 2013년에 검정하여 2014년부터 학교에서 사용하고 있다.

그런데 검정 심사를 통과하여 학교에서 사용할 수 있도록 승인을 받기 위해서는 까다로운 절차를 거쳐야 한다. 교과서 검정을 신청하려면 '수정·보완, 공급 및 발행' 등에 대한 이행 각서를 제출해야 한다. 교육부 장관이 행하는 각종 행정 조치를 이행하겠다는 각서다.

검정 심사는 내용 오류, 표기·표현 오류 등을 조사하는 기초 조사와, 검정 기준에 따라 교과서로 적합한지를 심사하는 본심사를 거친다. 검정 기준은 교육과정의 반영과 교과서 집필 기준의 준수부터 학습의 편리성, 학습 분량, 표기·표현까지 넓은 영역에 걸쳐 있다. '사실, 개념, 용어, 이론 등은 객관적이고 정확한가'와 같이 검정 심사자의 주관이 개입할 수 있는 애매한 기준도 있다. 더구나 '올바른 역사관과 국가 정체성을 제고하고, 정치적, 종교적, 사회문화적으로 교육의 중립성을 유지하고 이념적으로 편향성이 없어야 한다'라는 개발 방향은 교과서 내용에 정부의 입김이 작용할 가능성을 높인다.

검정 심사에 1차 통과하더라도 검정 심의회에서 권고한 수정·보완 사항을 반영하여 검수를 받아야 최종 합격을 할 수 있다. 그 밖의 내용을 수정·보완하려면 검정 심사 기관의 확인을 받아야 한다. 마찬가지로 검정 통과 이후에 내용을 수정·보완하려면 저작자 협의회를 거쳐 교육부 장관의 승인을 받아야 한다. 그러지 않고 임의로 고치면 검정 합격이 취소될 수 있다.

이러한 검정 절차는 2008년 검정 공고부터 교육당국의 영향력을 크게 강화한 것이다. 그 전까지는 검정 심사 때, 각서가 아니라 '교과용 도서의 원활한 발행·공급과 교육부조리 방지를 위한 교육부 장관의 지시 사항을 성실히 이행한다'라는 동의서를 제출했다. 그런데 역사 교과서 소송에서 이 동의서의 내용이 교육부 장관의 교과서 내용 수정 지시를 따르겠다는 뜻인지가 논란이 되자, 한층 강제력이 강한 내용의 각서로 바꾼 것이다. 또한 검정 심의회의 지적 사항을 제대로 고쳤는지 검수를 받도록 함으로써 수정 지시를 반드시 따르도록 했다.

이는 《한국근·현대사》 교과서 파동을 의식한 것으로 생각된다. 이명박 정부의 교육과학기술부는 2008년에 《한국근·현대사》 검정 교과서에 대해 수정 지시를 했지만 저자들과 여론의 강한 반발에 부딪혔다. 저자들은 교육부의 수정 지시가 부당하다며 행정소송을 내기도 했다. 이런 문제를 되풀이하지 않기 위해 검정 절차를 강화한 것이다.

내가 이처럼 검정 절차를 장황하게 이야기하는 데는 이유가 있다. 교육과정과 집필 기준, 편수자료는, 국정이나 검정과 관계없이 교과서 집필에 커다란 영향을 미친다. 국정 역사 교과서 개발에도 이를 고려할 것이다. 그러나 이보다 더 큰 이유는 이제까지 역사 교과서가 많은 제약을 받았으며 제도적 통제가 많았다는 점을 재확인하기 위한 것이다. 현재 사용되고 있는 검정 역사 교과서도 교육당국의 많은 간섭을 받았으며 상당 부분 정부의 의도가 반영되었다.

사실 교육부가 역사 교과서 국정화를 정식으로 발표할 때까지도 나는 검정제도가 강화되는 것을 우려했다. 그래서 몇 차례 열린《한국사》교과서 국정화 반대 토론회에서 국정제를 핑계 삼아 검정을 강화하는 것을 경계해야 한다고 말했다. 설마 학계와 교육계의 국정화 반대 주장이 많은데도, 역사 교과서 국정화를 강행하지는 못할 것이라고 속단했던 것이다. 그래서 표면적으로 국정제를 주장하다가 반대 의견을 받아들여 이를 슬쩍 거두어들이는 대신, '이념 편향적 교과서'가 나오는 것을 막기 위해서 검정을 강화해

야 한다는 '타협안'으로 귀결될까 봐 우려했던 것이다. 그
것은 나의 '순진한 착각'이었다. 《한국사》 교과서 국정화에
대한 박근혜 정부의 강력한 의지를 간과했던 것이다. 그런
데 정부는 왜 이런 선택을 했을까?

교과서 내용에 대해 교육부 장관이 막강한 권한을 가지
고 있지만, 검정 교과서는 별도로 존재하며 민간 출판사가
펴내는 만큼 모든 내용을 생각대로 수정할 수는 없을 것이
다. 더구나 교육부 장관의 수정 지시는 사회의 관심을 끌고
그 적절성 여부 때문에 논란이 벌어진다. 교과서 저자들이
수정 지시에 반발하기도 한다. 《한국근·현대사》 교과서에
이어서 고등학교 《한국사》 교과서의 수정 지시에 저자들이
반발하여 이를 취소해달라는 소송을 한 것이 이를 잘 보여
준다. 이 과정에서 교과서 내용에 정부가 개입한다는 비판
을 받게 되고 정부의 의도가 드러나기도 한다. 정부의 입장
에서 보면 교과서를 국정화하면 이런 어려움이 훨씬 줄어
든다. 정부가 해석한 관점으로 역사 교과서를 쓰기도 쉽고,
내용이 마음에 들지 않으면 그냥 고치면 되니까 말이다.

다른 나라의 역사 교과서 발행제도와 국정 교과서

우리는 어떤 제도를 만들거나 정책을 세울 때 사회적 논란이 일어나면 다른 나라의 사례를 든다. 그럴 때마다 으레 입에 오르내리는 것이 미국, 영국, 프랑스, 독일, 일본 등, 이른바 선진국이다. 《한국사》 교과서 국정화 논란에서도 마찬가지다. 그런데 이 논란에서 외국 사례를 언급한 것은 국정화를 반대하는 쪽이다. 그럴 수밖에 없는 것이 교과서를 국정제로 발행하는 나라를 찾아보기 힘들기 때문이다.

한국사 교과서의 국정화를 놓고 벌어진 사회적 논란의 과정에서, 세계 대부분의 자유민주주의 국가들이 교과서 국정제를 채택하고 있지 않다는 사실이 널리 알려졌다. 특히 OECD 국가들 중에서는 터키, 그리스, 아이슬란드 정도다. 그러나 터키와 그리스가 국정과 검정 도서를 함께 펴낸 다는 점을 감안하면 국정제를 택하고 있는 나라는 아이슬 란드 정도밖에 없다. 아이슬란드는 인구 30여만 명의 작은 나라로 구태여 여러 종의 교과서를 만들 필요가 없으므로 우리와는 상황이 다르다. 심지어 중국도 1980년대 후반부 터 교과서 발행제도를 검정제로 바꾸었으며, 점차 이를 확 대하고 있다. 국정제가 북한과 같은 일부 공산주의 국가들 이 채택하고 있는 제도라는 비판은 여기에서 나온 것이다.

다른 나라의 국정제 사례를 검토하는 과정에서 관심을 끈 것이 베트남 교과서 발행제도였다. 사실 다른 나라의 사 례를 들 때 베트남과 비교하는 경우는 거의 없다. 그런데도 왜 베트남의 교과서 발행제도가 언급되었을까? 무엇보다 도 베트남은 현재 교과서를 국정제로 발행하고 있지만, 곧 검정제로 전환할 예정이기 때문이다. 더구나 베트남이 검 정제를 도입하면서 모델로 삼으려 한 것이 한국의 교과서 발행제도였다. 한국 정부는 교과서 발행제도에 문제가 있 다며 역사 교과서를 국정제로 전환하겠다는데, 베트남은 한국의 모델을 본받아서 교과서 검정제를 시행하겠다고 하니 아이러니한 현상이다.

미국, 영국, 프랑스, 일본, 중국의 교과서 제도

—

그렇다면 다른 나라들은 교과서를 어떻게 발행할까? 검정제일까? 그렇지 않다. 위에서 언급한 다수의 나라들은 자유롭게 교과서를 발행한다. 미국, 영국, 프랑스는 자유발행제다. 민간에서 교과서를 자유롭게 발행하고 학교에서도 자유롭게 사용한다. 다만 미국의 일부에서는 학구별로 사용할 수 있는 교과서의 종수를 제한하는 정도다. 영국은 교과서의 발행이나 공급, 사용에 정부가 관여하지 않는다. 교과서 심의 절차도 별도로 없다. 1991년에 국가교육과정이 제정되었지만, 교과서 내용에는 거의 관여하지 않는다. 부적절한 교과서는 교사와 학생들에 의해 시장에서 제외될 것이라고 믿기 때문이다.

유럽 국가 중 교육과정이 상대적으로 중앙집중적인 프랑스도 교과서 자유발행제를 채택하고 있다. 교과서의 발행, 공급, 선정과 관련된 어떤 규정도 없다. 교과서에 오류가 있으면 교사들이 수정해서 가르치고 검열도 교사들이 하면 된다고 여긴다. 반면 독일은 검정제를 취하고 있지만, 점차 자유발행제로 전환하는 추세다. 교과서 발행제도를 없애거나 간소화하는 주가 늘어나고 있다. 교과서 선택에서는 교사의 권한을 중시한다. 교육기관이나 사회단체들이 교과서를 평가하여 그 결과를 공개함으로써 채택에 필요한 정보를 제공하기도 한다.

흥미로운 점은 우리의 근대 교육제도에 결정적 영향을 미친 일본조차 중·고등학교 교과서 발행에 국정제를 취한 적이 없다는 사실이다. 1904년부터 1945년까지를 제외하고는 소학교(우리의 초등학교) 교과서도 검정제였다. 2차 세계대전에서 패하고 연합군의 군정을 받은 직후 곧바로 국정제를 없앴다. 물론 이는 군국주의 교육을 없애는 작업의 일환이었다.

그렇다면 이들 국가가 교과서를 국정으로 발행한 적은 없을까? 미국, 영국, 프랑스에서는 없었다. 그러나 독일이나 일본에서는 국정 교과서가 발행된 적이 있었다. 이들 국가가 언제 국정제를 채택했는지 살펴본다면, 국정제 추진의 취지나 국정 교과서의 성격을 알 수 있지 않을까? 독일이 교과서를 국정화한 것은 나치 독일 때였으며, 일본은 앞에서 말한 바와 같이 1904년에 소학교 교과서를 국정화했으며, 1930년대 후반부터 1940년대 초에 걸쳐 국정제를 확대하고자 했다. 우리나라에서는 1970년대 유신체제 때 《국사》 교과서가 국정화되었다.

이런 이야기를 하면 어떤 사람들은 반박한다. 왜 나치 독일이나 군국주의 일본의 교과서 제도를 2015년의 한국과 비교하느냐고. 지금 한국 사회가 나치 독일이나 군국주의 일본과 같다고 생각하느냐고. 지금 국정 교과서를 발행한다고 해서 1970년대처럼 독재를 미화하는 교과서가 나오겠느냐고. 그리고 '독재 운운'은 '좌빨'들의 단골 메뉴라고. 나도 지금 한국 사회가 1970년대 유신체제하의 사회와 같다고 생각하지는 않는다. 군국주의 일본이나 나치 독일과 같은 시대는 더욱 아니다. 그런 시대가 아니니까 역사 교과서를 국정화해서는 안 된다는 것이다. 국정 역사 교과서는 유신체제나 나치 독일, 군국주의 일본에나 필요하기 때문이다.

유신체제하의 국정 교과서는 뒤에서 살피기로 하고, 우선 지난날 독일과 일본에서 왜 국정 역사 교과서를 발행했는지를 살펴보기로 하자.

나치 독일의 역사 교과서 국정화

—

독일은 유럽 국가들 중에서 학교 교육과 교과서에 대한 중앙 통제가 가장 강한 나라였다. 근대 이전 독일 교육에는 교회가 커다란 영향력을 행사했지만, 근대 교육이 자리를 잡으면서 국가가 교육권을 장악했다. 독일을 통일한 프로이센은 국가 차원에서 교과서의 발행과 내용을 통제했다. 국가 구성원들을 사회문화적으로 동질화하기 위해 교육을 장악하는 것이 무엇보다도 시급했기 때문이다. 교육과정을 만들거나 학교장을 임명하고 학교를 감독하는 등의 중요한 교육 업무를 정부가 장악했다. 교과서 발행제도를 마련하고 검정제를 도입한 것도 이런 교육정책의 일환이었다.

역사교육에서는 국가와 황제의 중요성이 강조되었다. 역사 교과서에, 국가의 힘만이 개인의 자유와 재산을 지켜줄 수 있으며 황제는 노동자를 위해 힘썼다고 서술하도록 했다. '독본' 책에는 황제나 정치가들이 되풀이하여 등장하고, 전쟁놀이를 통해 전쟁을 긍정적으로 생각하도록 유도했다.

1차 세계대전에서 패한 후 들어선 바이마르 공화국은 정치와 사회 민주화를 추진했다. 교육도 마찬가지였다. 교육 행정의 권한을 중앙에서 지방으로 옮기고, 교과서 발행을 자유롭게 했다. 헌법은 교재 발행의 자유를 규정했다. 이전의 역사교육을 보수적·봉건적 역사교육으로 간주하고, 독일제국의 역사를 '극복해야 하는 역사'로 인식했다. 그러나 실제 학교 교육에서는 이러한 교육개혁 방향이 충분히 실천되지 못했다. 독일의 교육은 보수적이고 자국 중심적이었다. 특히 역사교육에서는 민족주의, 국가주의 성향이 강했다. 새로운 교과서가 곧바로 나오지 못한 상황에서 기존 교과서들이 그대로 사용되었다.

특히나 파리 강화회의에서 승전국들이 자국의 이익을 앞다투어 챙긴 것은 독일 교육의 이런 경향을 더욱 부채질했다. 전쟁의 책임을 독일에 돌리고 많은 배상을 요구한 결정에 독일 대중은 반발심을 가졌다. 패전 후에 독일인들은 상실감을 느꼈고 여기에 막대한 배상금을 요구하는 연합국들에 대한 적개심이 더해지자 민족주의와 국가주의가 고개를 들기 시작했다. 바이마르 공화국의 역사교육에서는 전쟁의 책임을 인정하지 않았으며, 독일제국의 역사를 가르친 반면에 의회주의 역사는 다루지 않았다. 이런 경향은 나치 집권 후에 더욱 강화되었다.

　나치 정권은 바이마르 공화국에서 제정된 교육과정을 중단시키고 제국교육부를 만들어 주(州)에서 가지고 있던 교육의 권한을 중앙으로 다시 옮겼다. 자민족 중심의 논리와 자국의 이익을 추구하는 정책을 뒷받침하기 위해 다른 나라나 민족을 공격했다. 애초에 히틀러는 유대인을 그 표적으로 삼았다. 집권 이전부터 히틀러는 대부분의 연설에서 유대인을 공격했다. 이런 경향은 집권 이후에 더욱 두드러져서, 유대인이 들어올 수 없는 학교를 만들기까지 했다.

　이어 나치 정권은 새로운 교과서를 만드는 작업에 들어갔다. 나치 정권에게 바이마르 공화국에서 사용되던 교과서는 못마땅한 것이었다. 히틀러는 집권을 하자 곧바로 교과서 통제와 개편에 착수했다. 제국교육부는 교재청을 만들어 교과서의 이념적 성향을 심사했다. 교과서를 국정화하기 위한 준비 절차였다. 1938년에 새로운 교수계획안이 제시되고 이에 따라 교과서들이 수정되었다. 이 교수계획안의 원칙은 다섯 가지였다.

① 인종은 역사 발전의 결정적 추동력이다.

② 민족적 사유가 국제적 사유를 대체해야 한다.

③ 정치사가 문화사보다 우선되어야 한다.

④ 영웅들의 이야기가 중요하게 다루어져야 한다.

⑤ 총통의 통솔 원칙이 특히 강조되어야 한다.

    1939년에 나온 학교 교육에 대한 새로운 지침에서는 1914~1934년의 현대사를 중시했다. 1차 세계대전과 이후 히틀러가 집권하기까지의 시기다. 역사교육에서는 민족혁명의 중요성을 강조했다. 조국을 사랑하고 조국에 대한 의무에 충실한 국민이 이상적인 인간상으로 제시되었다.

    이를 통해 학생들은 세계대전에서 독일의 위치를 재인식하고 베르사유 체제의 문제점을 배웠다. 독일의 굴욕과 경제적 어려움을 강조하고, 이를 베르사유 체제의 탓으로 돌렸다. 베르사유 조약 결과 새롭게 설정된 국경을 '독일의 피가 흐르는 경계'라고 표현함으로써 독일인의 적개심을 자극했다. 그리고 '이 피가 흐르는 상처를 치유하는' 것이 나치 정권이라고 선전했다. 결국 베르사유 체제라는 족쇄에서 벗어나서 독일을 자유롭게 만든 사람이 총통 히틀러라는 것이었다.

나치 정권은 자신의 이념을 담고 권력을 뒷받침하는 수단으로 교과서를 만들어 학교에서 가르치게 했다. 모든 과목에 걸쳐 국정 도서가 개발되었다. 이 중에서도 중요하게 생각한 것이 독본과 역사 교과서였다. 나치 독일은 1939년에 학생들이 배우는 독본 교과서로 《영원한 민족》을 만들었다. 이 책은 나치의 세계관과 이데올로기를 그대로 담고 있다. 반다원주의, 애국주의, 반유대주의가 이 책의 특징이다. 게르만족의 우월성을 강조하고 다른 민족을 배척하는 인종주의 성격을 드러냈다. 또한 전쟁을 미화하고, 전쟁 중에 용기와 대담성, 자신보다 동료를 생각하는 마음을 가질 것을 강조했다. 히틀러를 우상화하는 내용도 포함되었다.

나치는 역사가 인간을 만든다고 생각하여 역사교육에 힘을 쏟았다. 1940년대에 나온 《영원한 길》과 《제국주의로의 길》은 나치 정권의 역사관을 잘 보여주는 국정 교과서였다. 《영원한 길》은 주로 전쟁의 역사, 초기 독일의 역사, 대독일 시기 등을 다루었다. 영웅주의, 나라를 위한 희생, 전쟁 찬미 등이 교과서의 역사 인식이었다.

독일사를 연대기적으로 서술한 《제국주의로의 길》은 대표적인 역사 교과서로 꼽힌다. 이 책은 당시 독일, 즉 나치 독일의 국가사회주의를 인간 발달의 가장 높은 단계로 여기고, 독일이 어떤 과정을 거쳐서 이런 국가로 성장했는지를 서술했다. 지난날에 대한 반성 없이 현재 사회를 발전의 관점에서만 보고, 이런 과정만을 서술해야 한다는 '긍정의 역사관'이었다.

고등학교 역사 교과서인 《선조의 유산(Erbe der Ahnen)》에서는 이 시기 역사를 '민족'과 '총통'이라는 두 개념으로 서술했다. 역사의 주체는 민족 공동체이며, 목표는 총통 국가였다. 국가사회주의당(나치)이 집권함으로써 독일사는 완성되었다고 보았다.

교과서는 국가 영웅을 만들어내고 대중에게 이들을 본받을 것을 요구했다. 학생들은 현재와 과거의 독일 영웅들에 대해 배웠다. 근대 독일의 영웅은 비스마르크였다. 독일 제국의 역사를 비판적으로 인식한다고 했지만, 바이마르 공화국에서도 비스마르크 숭배는 계속되었다. 나치 정권 초에도 마찬가지였다. 집권을 한 후 나치는 비스마르크의 정책과 업적을 대대적으로 선전했다. 그렇지만 이윽고 비스마르크를 대체하는 인물이 나타났다. 히틀러였다. 학교 교육을 통해 새로운 체제에 충성하고 히틀러와 그의 권위에 복종하는 마음을 독일인들에게 내면화시키고자 했다. 히틀러에 대한 충성 고백이 역사교육에서 이루어졌다. 제3제국의 건설과 히틀러의 업적이나 영웅성은 교육의 중요한 주제가 되었다. 소독일주의로 독일을 통일한 비스마르크보다 게르만 민족을 앞세운 대독일주의의 히틀러가 더 위대한 인물이라고 선전되었다. 교육은 히틀러 우상 숭배의 방향으로 나아갔다.

상당수의 청소년들이 '위대한 독일의 위대한 미래'를 약속하는 히틀러에게 열광했다. 불확실성으로 가득한 불안감을 강력한 지도자에게서 찾은 것이다. 많은 청소년들이 히틀러-유겐트(Hitler-Jugend)에 가입했다. 나치 정권은 이런 청소년들의 심리를 자신들의 체제나 정책을 뒷받침하는 데 이용했다. 1926년에 만들어진 청소년 조직인 유겐트는, 1936년에는 모든 아리아계 독일 청소년이 가입해야 하는 국가기관이 되었다. 10~14세의 소년들은 독일소년단(Jungvolk), 14~18세의 소년들은 유겐트에 들어갔다. 10~14세의 소녀들은 소녀단(Jungmädel), 14~21세의 소녀들은 독일소녀동맹에 가입했다.

유겐트 단원들은 2차 세계대전 때 히틀러에게 충성을 다했다. 유대인 수용소를 감시하는 친위대원이 되거나 '늑대인간(Werwolf)'으로 불리는 특공대원으로 활약했다. 많은 청소년들이 '국가를 위해서' 이러한 행동에 기꺼이 참여했다. 이들이 자신이 한 행위를 깨닫는 데는 패전 후에도 몇 년이라는 시간이 더 걸렸다. 학교와 사회의 반복된 교육은 청소년들의 이성적이고 비판적인 사고를 마비시켰다.

2차 세계대전이 끝난 후 독일의 교과서 제도는 검정제로 다시 바뀌었다. 동독과 서독으로 분단이 되고 냉전의 한복판에 놓였지만 국정제 논의는 다시 나오지 않았다. 검정 절차도 갈수록 완화되어 근래에는 자유로운 교과서 발행의 방향으로 옮겨가고 있다. 역사 교과서 국정제를 찬성하는 사람들은 그 논거 중 하나로 우리나라가 세계 유일의 분단 국가라는 점을 든다. 그렇지만 독일의 사례는 분단 국가와 교과서 국정제는 전혀 관련이 없음을 보여준다.

일본의 군국주의화와 국정 교과서
—

한국의 근대 학교나 교과서 제도는 일본의 영향을 직접 받았다. 일본에서 국정제가 처음 시행된 것은 1904년이었다.

근대 교육이 시작된 후 일본에서는 교과서 발행과 사용에 별다른 제한 조치가 없었다. 그러나 서구의 자유주의 사상이 들어오고 민권운동이 일어나자, 메이지 정부는 교육 내용을 통제하기 시작했다. 국왕이 국민에게 교육의 방향을 제시한 《교육칙어》가 제정되어 국가와 왕실에 충성하는 국민정신을 요구했다. 교과서 통제도 본격화했다. 1880년대에 교과서 신고제와 문부성 인가제, 검정제가 차례로 시행되었다. 오늘날의 인정제와 검정제에 해당하는 발행제도다.

이어 소학교 교과서 제작은 적어도 국가의 비용으로 해야 한다는 주장이 나왔다. 초등교육의 중요성을 강조한 이런 목소리는 이윽고 국정제 주장으로 이어졌다. 그러나 반대도 만만치 않았다. 주저하던 문부성은 1902년에 일어난 일련의 '교과서 의혹 사건'을 구실로 국정제를 시행했다.

교과서 의혹 사건이란, 교과서에 천황을 모독하는 내용과 성 풍속을 어지럽히는 내용이 들어 있으며, 채택 과정에서 뇌물이 오갔다는 것이었다. 메이지 정부는 기존의 검정 제도로는 이런 문제를 해결할 수 없다는 방향으로 여론을 몰아가면서 국정제를 도입했다. 이를 두고 일본 학계에서는 검정제의 문제점을 해소하기 위해 국정제를 추진했다기보다는, 국정제 반대 목소리를 누르기 위해 이 사건들을 이용한 것이라고 해석한다.

이렇게 발행된 국정 교과서는 국민들에게 천황을 떠받들고 대일본제국과 천황의 충성스러운 신민이 되어야 한다고 강조했다. 역사 내용을 많이 담고 있으면서도 당시 정부의 의도를 잘 보여주는《수신》교과서에는 "우리도 좋은 일본인이 되어 황실을 공경하고, 우리 대일본제국을 지켜야만 합니다"(4학년용《심상소학 수신서》, 1904)라는 식의 표현이 여러 곳에서 반복된다. 다만 이때 국정제는 소학교 교과서에 한정되었다. 중등학교 교과서에 대한 통제도 강화되었지만 여전히 검정제였으며, 국정제로 전환하자는 논의도 없었다.

역사 교과서는 오늘날의 교육과정에 해당하는 '교수요목'에 의거하여 역사학자들이 집필하고, 도서감수관의 심사를 받았다. 이 때문에 장·절의 구성이 거의 비슷하고, 일본사를 바라보는 전체적인 관점도 별로 다르지 않다. 그러나 일부 내용에서는 차이를 보이며, 집필자의 교육적 아이디어가 들어간 특색 있는 부분도 있다. 교과서 검정제의 획일성과 다양성이라는 양면성을 보여주는 것이었다.

　이러한 일본 교과서 제도의 기본적 틀은 1945년에 패전할 때까지 유지되었다. 그렇지만 전쟁이 본격화되고 국민 총동원 체제로 접어들기 시작한 1930년대 후반에 이르자 일본 문부성은 직접 학교 교재를 제작했다. 1937년 5월에는 《국체의 본의(國體の本義)》, 같은 해 7월에는 《신민의 길(臣民の道)》을 간행하여 학교와 사회에 보급했다. 일종의 독본용 국정 교과서인 셈이었다.

　태평양 전쟁이 한창 진행 중이던 1943년에는 일본사를 정리한 《국사개설》과 세계사 교과서인 《중등역사》를 펴내기도 했다. 《중등역사》 이외의 책들은 군국주의적 성격이 뚜렷했다. 최고 통치자인 천황을 신과 같은 존재로 떠받들고 침략 정책을 정당화했다. 특히 《국체의 본의》는 일본 국체의 관념을 알리고 주입시키기 위한 것이었다. 여기에서 국체는 '만세일계(萬世一系)'의 천황이 통치하는 일본이라는 나라를 처음 만들었을 때의 정신이다. 1937년 7월에 나온 《신민의 길》에서는 만주사변 이후 일본군의 해외 침략을 '세계 신질서를 건설하기 위한 성전(聖戰)'이라고 설명했다.

중등학교 검정 교과서에서도 황국신민(皇國臣民)의 정신이 더욱 강화되었다. 황국사관에 따라 교과서가 집필되고, '황국사'라는 이름의 역사 교과서가 만들어졌다. 말 그대로 천황의 업적을 중심으로 신화부터 당시까지 일본의 역사를 서술하는 책이었다.

　　전시에서 학교 교육의 목표는 충성스럽고 용감한 전사(戰士)를 길러내는 것이었다. '성전'에 참가하여 천황을 위해 죽는 것을 최고의 가치로 생각하도록 교육했다. 교과서에서 천황은 '살아 있는 신'으로 신격화되었다. 학생들은 학교에 걸린 천황과 황후의 초상화인 어진영(御眞影)에 참배를 해야 했다. 교과서는 천황의 은혜에 보답하는 것이 신민의 도리라고 강조했다.

　　천황을 받드는 것과 천황제 국가를 위해 목숨을 버리는 것은 국민의 의무가 되었다. 러일전쟁이나 2차 세계대전에서 용감히 싸우다 목숨을 잃은 전쟁 영웅을 선정하여 '군신(軍神)'으로 떠받들고, 이들처럼 천황의 국가를 위해 목숨을 버리라고 교육을 받았다. 이들의 최후 모습이 교과서에 생생하게 서술되었다. '황태자의 생일날에 목숨을 천황 폐하의 나라에 바치는 것이 진정한 군인의 바람'이며, '전투기와 함께 바닷속으로 뛰어들어 전사하는 것이 군신의 장렬한 마지막'이라고 묘사했다. 목숨을 바쳐 나라의 은혜에 보답하는 전사야말로 신민의 모범적인 모습이었다.

이처럼 교육은 청소년들을 전쟁의 총알받이로 삼는 데 이용되었다. 일본 청소년은 물론 식민지 조선의 청소년들조차 태평양 전쟁을 '성전'으로 받아들이고 천황의 병사로 전쟁에 참가하여 목숨을 바침으로써 은혜에 보답하는 것이 국민의 의무였다. 태평양 전쟁 말기에 일본 청소년들이 비행기를 탄 채 적의 함정으로 돌진했던 가미가제(神風) 특공대나 자살용으로 개조된 '인간어뢰'를 타고 적의 배에 부딪히는 가이텐(回天)은 그 단적인 모습을 보여준다.

패전 이후 국정제가 폐지되고 초등학교 교과서도 검정제로 돌아갔다. 이전에 사용하던 교과서들은 모두 폐기되었다. 국정제와 이에 따라 만들어진 교과서는 군국주의 정책의 산물이라는 판단 때문이었다.

권력 유지를 위한 국정제 추진
—

이상에서 살펴보았듯이, 독일과 일본에서 교과서 국정제를 시행한 것은 파시즘이나 군국주의 정부였다. 그 밖의 선진 자유민주주의 국가에서는 국정 교과서를 찾아보기 어렵다. 황우여 교육부 장관은 OECD 국가 중에서도 그리스나 터키가 국정제를 시행하는 것은 민족 분쟁과 종교 분쟁이 심하기 때문이라고 설명했다. 우리나라도 여기에 해당한다는 주장일 것이다. 민족 분쟁이나 종교 분쟁의 자리에 남북 대립을 넣기는 하겠지만.

그러나 일본과 독일의 사례에서 보듯이 국가가 교과서 국정제를 추진한 것은 사회적 분쟁이 심한 때가 아니었다. 1990년대 미국이나 영국에서도 역사 인식을 둘러싸고 논란과 갈등이 일어났지만, 이 때문에 교과서 내용을 규제해야 한다는 주장은 없었다. 오히려 특정 집단이 권력의 주도권을 장악하고 있던 시기였다. 이들이 자신의 이념을 사회에 전파하고 권력을 굳건히 다지기 위해 도입한 것이 교과서 국정제. 교과서 국정화의 명분으로 내세운 것이 국가에 대한 충성과 사회 통합이었다. 북한은 해방 직후인 1945년 11월에 국어, 역사, 지리를 비롯한 여러 과목의 교과서를 편찬하기 시작했다. 교육국이 발행하는 국정제였으며, 교과서 내용의 정치성을 심의하는 과정이 포함되었다.

이후 교과서는 계속 국정으로 발행되었으며, 제도의 개편도 논의되지 않았다. 국정 교과서는 북한 주민을 하나의 이념으로 통합하는 도구가 되었다.

역사 교과서에만 한정된 것은 아니지만, 일본이나 독일에서 국정제가 도입되는 과정은 우리의 《한국사》 교과서 국정제 추진과 비슷하다. 국정 도서는 정부의 의지와 정책을 관철시키는 통로이며, 국정제는 국가 권력의 성격을 보여주는 상징적 존재다. 그런 점에서 아무리 여러 가지 이유를 갖다붙이더라도 국정 도서의 발행 동기는 비교적 명확하다. 권력을 가지고 있으니까 교과서 국정제를 추진하고, 권력을 유지하기 위해 국정 교과서를 발행하는 것이다.

유엔의 역사 교과서 권고안

《한국사》교과서의 국정화를 비판하는 과정에서 유엔의 역사 교과서 권고안이 부각되었다. 역사 교과서 권고안은, 2013년 8월 9일 제68차 유엔총회에 제출된 '역사 교과서 와 역사교육에 관한 문화적 권리 분야 특별조사관 보고서' (이하 '유엔 보고서')의 내용이다. 특별조사관은 2010년부터 매년 문화적 권리에 대한 보고서를 제출하고 있는데, 2013 년과 2014년에 제출한 보고서에서는 역사와 기억 문제에 집중했다. 원래 이 문서는 한국의 시민단체들이 일본 우익 의 역사 왜곡을 비판하기 위해 사용한 자료였다. 이 자료를 일본 정부에 제시하면서 역사 왜곡의 수정을 요구했던 것 이다. 그런데 이는 또한《한국사》교과서 국정화가 국제 사 회에서 동의를 받을 수 없음을 명확히 뒷받침한다. 일본 우

익의 기존 교과서 비판과 새로운 교과서 제작이 한국의 국
정화 추진과 비슷한 맥락임을 보여주는 것이라고 하겠다.

유엔 특별조사관이 역사교육 문제를 조사한 것은 그만
큼 그 중요성을 인식하고 있기 때문이다. 실제로 유엔 보
고서는 전 세계적으로 역사가 교육과정에 필수적으로 들
어가는 과목이라는 사실을 일깨우면서, 역사 교과서는 학
생들에게 역사 인식을 심어주며, 사회와 대중에게도 커다
란 영향을 미친다고 지적한다. 나아가 그 사회의 문화를
평가할 수 있는 척도이기도 하다. 보고서는 '역사교육의
결정적 도구'로서 교과서가 가져야 할 성격과 교과서 제도
와 내용 구성의 유의점을 제시한다. 그 내용을 구체적으로
살펴보자.

유엔 보고서가 지적하는 단일 역사 교과서의 문제점
—

유엔 보고서는 단일 역사 교과서가 정부의 공식적 관점과
역사 해석을 전달할 것으로 본다. 그래서 교과서가 한 종이
어서는 안 된다는 점을 명확히 한다. 여러 항목에 걸쳐 거
듭해서 단일 역사 교과서를 비판하고 경계한다. 보고서가

지적하는 단일 역사 교과서의 가장 큰 문제점은 역사 해석이 정부에 의해 독점되고 이용되기 때문이다. 보고서는 다음과 같이 지적한다.

65. 역사 교과서는 정부가 공식적 역사 내러티브를 학생들에게 전달하기 위한 중요한 도구다. 특히 역사교육이 단일 내러티브를 추구하는 나라들에서 역사 교과서는 중요한 위치를 차지하며, 정부의 메시지를 최대한 광범위한 독자들에게 전달하기 위한 결정적인 도구로 여겨지고 있다.

67. 정부는 필수적이고 투명한 기준들을 충족시키지 못하는 교과서를 거부할 권한이 있지만, 단일한 역사 교과서만을 유지하는 것은 필수불가결하게 하나의 내러티브가 다른 시각들을 독점하는 것으로 이어지게 된다. 이는 교과서 간의 경쟁을 가능하게 하는 공개입찰이 법률로 명시되어 있지 않은 경우에 더욱 그러하다.

이런 지적은 유엔 보고서가 단일 역사 교과서를 우려하는 이유를 단적으로 보여준다. 일부 사람들은 말한다. "역사 교과서를 국정화하더라도 제작이나 내용에 권력이 개입하지 않으면 되는 거 아냐?" "지금이 어떤 시대인데, 《한국사》교과서 국정제를 시행한다고 해서 정부가 교과서 내용에 개입할 수 있겠는가?" 그러나 정치 권력이 의도하건 안 하건 간에, 국정제 아래에서는 본질적으로 교과서 내용에 정부가 개입하게 된다. 단일 역사 교과서가 가지는 속성 때문이다. 단일 역사 교과서는 교육의 본질적 가치에 위배되며 민주시민의 양성을 가로막는다. 유엔 보고서는 이 점을 다음과 같이 우려한다.

86. 전 세계적으로 많은 경우, 학교에서 가르치는 역사 내러티브를 정부가 주창하게 되면 인권적 시각에서 문제가 발생한다. 민족주의적 정치 어젠더 그리고/혹은 기득권의 단일한 시각을 촉구하게 되면 역사교육 정책은 공동체 간 혹은 공동체 안에 존재하는 문화적 다양성과 역사 내러티브의 다원성을 인정하지 못하게 된다. 이런 정책은 교육의 권리, 모든 개인, 그룹, 민족이 그들 자신과 다른 이들의 문화적 유산에 접근하고 이를 누릴 권리, 의견과 표현의 자유권, 국경에 상관없이 정보를 접할 권리에 상충되는 것이다. 많은 경우에 이런 정책들은 학문의 자유를 부당하게

제한하고 학교에서 단일 역사 교과서 사용을 옹호하는 것에 의존한다. 가장 첨예한 대립이 일어나는 경우, 이런 정책들은 문화와 교육 분야에서의 전쟁의 지속으로 보일 수도 있고 미래의 복수를 준비하는 수단으로 비칠 수도 있다. 이는 평화 유지와 건설에 우려스러운 장애물이 된다.

더구나 앞의 '교과용 도서에 관한 규정' 제5조에서 살펴보았듯이, 국정은 교과서가 한 종일 뿐 아니라 정부가 발행하거나 적어도 정부가 절대적 영향력을 행사하는 제도다. 보고서가 우려하는 역사 교과서 단일화의 문제점은 발행 제도에 한정되지 않는다. 공급이나 채택의 독점 문제도 포함한다. 이에 대한 유엔 보고서의 권고를 보자.

66. 단일 역사 교과서만을 승인하는 것은 문제가 있다. 여기에는 정부가 한 특정 교과서를 보조금이나 다량 구매를 통해 지지함으로써 학교의 교과서 선정에 영향을 미치는 경우도 포함된다. 선정 대상 교과서 종류를 하나로 줄이는 것 또한 퇴보적인 조치다. 국가가 후원하는 교과서는 매우 정치화되어 있을 위험이 있다.

유엔 보고서가 지적한 바와 같이, 설사 교과서가 여러 종이라 하더라도 국가가 교과서 채택에 관여하면 문제가 생겨난다.《한국사》교과서 국정제가 고시되기 전 논란의 과정에서 나왔던, 국정과 검정 교과서를 함께 출판하자는 일부 주장의 함정이 여기에 있다. 국가가 후원하는 역사 교과서는 매우 정치화될 위험이 있다. 국가가 만드는 역사 교과서는 더 말할 나위도 없다. 그러기에 국정과 검정을 함께 발행하더라도 유엔의 권고에 전면 어긋나는 것이다. 더구나 우리나라의 현행 법령에서는 국정 교과서가 존재할 경우 반드시 이를 사용해야 한다고 규정하고 있다.

유엔 보고서의 역사 교과서 문제 해결 방안

—

역사 교과서를 둘러싼 논란은 한국뿐 아니라 세계 여러 나라에서 끊이지 않고 있다. 그 원인의 상당 부분은 역사 교과서 내용에 개입하려는 정부나 일부 세력의 욕망 때문이다. 이들은 교과서 제도를 통해 그 목적을 관철시키려고 한다. 이 때문에 역사 교과서를 둘러싼 사회적 논란도 계속된다. 그렇다면 이를 해결하기 위해 유엔 보고서가 제시하는 방안은 무엇일까? 유엔 보고서의 제안은 비교적 명확하다. 그 방안을 정리해보자.

학문의 자유를 보장하고 역사 연구와 교육의 전문성을 인정해야 한다

대학이나 전문 연구기관, 시민단체의 역할을 복원시킴으로써 이를 이룰 수 있다. 보고서는 이 점을 여러 곳에서 밝히고 있다.

IV. 역사 연구와 기술 및 학문적 자유 존중

34. 권력자들이 독립적이고 비판적인 학문 연구를 허용하지 않을 때 역사는 정부의 통제를 받게 된다.

36. 국가가 역사 연구 및 기술의 전 과정에 영향을 미치는 규제(의견 표현의 자유 제한, 발언의 제한, 학문의 자유―특히 특정 연구 주제의 선정, 기록보관소의 이용과 특정 출판물에 대한 접근, 다른 나라나 단체의 역사가들과 협력하여 연구하는 것, 미리 정해진 패턴의 역사에 이의를 제기하는 연구의 발표―제한을 포함하여)를 통해 정치적인 색채의 단일한 역사적 서술을 강요하기도 한다.

88. (g) 다양한 공동체와 그룹들과 상의해야 하지만 역사 교과서 저술은 역사가들에게 맡겨야 한다. 다른 이들 (특히 정치인들이나 종교, 문학, 혹은 더 넓은 범위의 지식인 집단의 사상가들)이 의사결정하는 것은 지양되어야 한다.

90. (e) 정부는 교사들이 자유로이 전문 연합 단체를 조직할 권리를 존중, 권장해야 한다.

92. 정부는 역사학자의 직업으로 규정되는 전문적 기준을 존중해야 한다.

　학문의 자유(헌법 제22조 ①)와 교육의 자주성·전문성(헌법 제31조 ④)은 헌법이 보장하고 있는 국민의 기본 권리다. 역사학자와 역사 교사들은 역사교육의 전문성을 가진 집단이다. 이들이 역사 교과서를 집필하고 사용하는 자율성과 전문성을 존중하는 것은 역사 교과서 문제를 해결할 수 있는 첫 번째 길이다.

　그러나 국가 권력이나 사회 일부 세력은 그렇게 하려고 하지 않는다. 일부 사람들은 한국근현대사를 연구하는 전공자의 대부분이 좌경화되었다고 비판한다. 이명박 정부와 박근혜 정부의 고위 관료나 여당 정치인들도 이에 동조한다. 이런 인식은 필연적으로 검정 심사나 역사 교과서 수정에 정부가 개입하고 간섭하려는 자세를 가져온다. 역사 연구와 기술 및 학문적 자유를 존중할 것을 권하는 유엔 보고서의 취지와 전면 배치되는 태도다.

유엔 보고서의 권고에 부합하는 역사 교과서 발행제도를 시행하려면, 현행 역사 교과서 검정제도의 통제 장치를 전면 폐지하고 교과서 발행을 자율화해야 한다. 다만 더 깊이 있는 사회적·교육적 논의를 위한 시간이 필요하다면, 일단 교육과정을 개발하거나 교과서 검정 절차를 정치 권력에서 벗어난 전문적 연구기관이나 사회단체에 위임할 필요가 있다. 유엔 보고서는 이와 관련하여 다음과 같은 제안을 하고 있다.

88. 본 특별조사관은 각 정부가 학교의 역사 커리큘럼 개혁에 계속해서 노력을 기울일 것을 권장한다. 특히 다음의 사항을 권유한다.

(b) 커리큘럼을 개혁하고 역사교육의 기준을 세우는 과정은 투명해야 하며 실무 종사자들과 전문 연합 단체의 의견을 반영해야 한다. 이런 문제들을 다루는 정부 위원회와 부서들의 임명과 기능 역시 투명해야 하며 이해관계의 충돌이 없도록 해야 한다. 바람직한 실천안은 이런 업무를 정부 부서로부터 독립된 전문적인 교육기관과 계약을 맺고 맡기는 것이다. 이런 프로그램을 수용하려면 전문 기구들, 연합 단체, 기구들 간의 광범위한 논의가 있어야 할 것이다.

(e) 교과서 승인 절차와 선정 기준은 명확해야 하고 특정한 이념이나 정치적 요건이 아닌 역사와 교육의 전문성에 따라야 한다. 교과서 승인에 관련된 바람직한 실천안은 모든 발행인들이 평등하게 입찰에 참여할 수 있고 독립적인 전문 위원회가 검토하고 필수 요건을 만족시키는 교과서를 승인하도록 하는 공개입찰 방식이다.

91. 본 특별조사관은 역사 내러티브(교과서)에 모든 그룹과 공동체의 시각이 포함되도록 노력하고, 그런 방향을 지향할 것을 권유한다. 예를 들어 이는 다양한 국가나 공동체 출신의 개인들로

구성된 역사학자들의 위원회를 설립함으로써 가능할 수 있다. 이런 위원회는 정부 부서의 일부로 활동하든 독립적으로 기능하든지에 관계없이 정부의 지지를 받아야 한다. 여기에서 그 구성원들이 전문 기구나 단체(예를 들어 역사학자들과 역사 교사들의 연합, 연구기구, 대학, 교육기관 혹은 소수단체 연합)로부터 임명된다면 더 큰 독립성을 유지할 수 있다.

한국에서도 형식적으로 교육과정의 개정이나 역사 교과서 검정을 교육부가 직접 하지는 않는다. 2009개정 교육과정에 따른 역사 교육과정 각론과 교과서 검정 업무는 국사편찬위원회에서 맡았다. 2015년 8월 23일에 발표된 2015개정 역사 교육과정의 개발은 한국교육과정평가원의 주도로 시행되었다. 그러나 이들 기관은 정부의 예산으로 운영되며 기관장을 정부가 임명하므로 사실상의 정부 산하기구다. 교육과정 개발이나 교과서 검정이 정치 권력에서 자유로울 수 없는 이유다. 역사교육이 정치적 영향에서 벗어나기 위해서는, 학계와 교육계를 대표할 수 있는 독립적인 기구를 만들어 권위를 인정받는 학술기관에 이 절차를 위임하는 방식을 취할 필요가 있다.

역사 해석의 다양성을 받아들여야 한다

역사책에 나오는 많은 역사적 사실들은 자연과학에서 다루는 내용과 같이 절대적인 보편적 진리가 아니다. 역사 교과서가 서술하고 있는 많은 역사적 사실은 역사 기록과 증거를 바탕으로 하는 해석이다. 유엔 보고서도 역사적 사실의 이런 성격을 다음과 같이 설명한다.

6. 이 보고서에 제시된 결론과 권유 사항들은, 역사는 언제나 다양한 해석의 대상이라는 것을 인정하는 데 기반한 것이다. 법정에서 일어난 것과 같은 과거의 사건들이 증명될 수는 있지만, 역사적 내러티브는 본질적으로 어떤 편에 서 있는 관점이다. 따라서 밝혀진 사실들이 논란의 여지가 없더라도 분쟁 중인 당사자들이 도덕적 정통성을 따지거나 누가 옳고 그른지를 격렬하게 논쟁할 수 있는 것이다. 역사적 내러티브가 가장 높은 의무론적 기준을 엄격히 따르기 위해서는, 다른 편의 주장들은 논쟁에서 존중되어야 하며 논쟁의 대상에 포함되어야 한다.

《한국사》교과서의 국정화를 주장하는 사람들은 같은 역사적 사실을 놓고 교과서마다 다르게 서술하면 학생들이 혼란에 빠질 뿐 아니라 역사 인식의 차이를 가져올 수 있다는 논리를 내세운다. 그러나 이들이 문제로 삼고 있는 내용의 상당 부분은 '사실'이 아니라 '해석'이다. 국가교육과정과 역사 교과서 집필 기준은 사실관계가 아니라 학설을 검토하거나 해석을 다루는 경우가 많다. 그동안 교육부가 저자와 출판사에 요구한 수정 지시는 대부분 해석과 관련된 것들이다.

학생들은 역사 해석이 다양할 수 있다는 것을 알아야 한다. 그래야 역사적 사실의 성격을 파악하고 교과서 내용을 수동적으로 받아들이지 않고, 이를 텍스트로 자신의 관점에서 역사를 해석하고 역사 인식을 하게 된다. 역사 해석이 다를 수 있다는 것은, 교과서를 국정화해야 하는 근거가 아니라 오히려 다양하게 발행해야 하는 근거다. 교과서의 역사 해석을 하나로 통일하기 위해 국정 교과서를 만들어야 하는 것이 아니라, 다양한 역사 해석이 나타날 수 있는 방향으로 발행제도를 개편하고 제도적 장치를 마련해야 한다. 역사 교과서 검정제도의 통제 장치를 풀고, 나아가 인정제와 자유발행제의 시행을 검토해야 한다.

비판적 사고를 할 수 있는 역사교육을 해야 한다

역사 해석의 다양성을 인정하는 데서 필연적으로 나오는 것이겠지만, 역사교육을 개개 역사적 사실을 기억하는 것에서 비판적 사고 능력을 기르는 방향으로 바꾸어야 한다. 이것이 학교 역사교육과 역사 교과서가 오랫동안 받아왔던 비판에서 벗어나고, 역사 교과서를 둘러싼 사회적 논란을 해결할 수 있는 방안 중 하나다. 유엔 보고서는 역사교육이 이런 방향으로 나아가야 한다고 권고한다.

73. 전통적인 교과서들을 다양한 관점을 인정하는 접근법으로 조정하기는 힘들다는 점을 생각할 때, 문제적인 방법에서 서로 상충되는 다양한 내러티브들을 소개하는 교과서 접근법 모델을 만드는 작업이 필요하다.

88. (a) 역사교육은 비판적 사고, 분석적 학습과 토론을 길러주어야 하고 역사의 복잡성을 강조함으로써 비교사적이고 다양한 시각을 인정하는 접근법을 가능하게 해야 한다. 역사교육이 애국심 강화, 국가적 정체성 강화, 혹은 젊은이들을 공식 이념이나 지배적인 종교의 지도안으로 길들이려는 목적으로 이용되어서는 안

된다.

73항에서 볼 수 있는 바와 같이, 역사 교과서 내용 구성 방식의 하나로, 유엔 보고서는 어떤 역사적 사실에 대한 다른 관점이 존재할 경우 상충되는 관점을 가진 내러티브를 함께 소개하는 방안을 권하고 있다. 서로 다른 관점이나 해석을 담고 있는 자료를 분석하고 비교하는 것은 비판적 사고를 기를 수 있는 학습 방안이다. 역사교육 연구물들이 역사 해석의 본질을 깨닫고 비판적 사고를 유도할 수 있는 수업 내용 구성으로 제시하는 방안이기도 하다. 실제로 검정 《한국사》 교과서들에서 탐구 활동을 위한 자료 구성이나 발문을 이런 방식으로 제시하는 경우를 종종 찾아볼 수 있다. 국정 교과서나 역사 교과서 집필 기준안은 이런 역사 교육과 역사 교과서 구성을 가로막는다.

다양한 교재의 자율적 사용을 허용해야 한다

학교 교사는 교육과정이나 교과서를 해석하고 수업 내용을 재구성하여 학생들에게 가르친다. 이것이 교사가 가지는 전문성이며, 교육부나 교육청 같은 기관들도 교사의 이러한 활동을 권장한다. 실제 교실 수업에서 교사들이 교과서 외에 학습지를 제작하여 활용하는 현상이 늘어나고 있으며, 학교 차원에서 이를 뒷받침하기도 한다. 그러나 현행 교육제도는 국정이나 검정 교과서 이외의 교재를 수업 시간에 사용하는 것을 어렵게 한다. 이런 문제를 해결하려면, 교사들이 수업에서 다양한 교재를 자율적으로 활용하는 것을 가로막는 제한을 철폐해야 한다. 유엔 보고서는 다양한 교과서와 교재 활용을 자율화할 것을 다음과 같이 권한다.

72. 이상적으로는, 추가적인 보충 교재에는 학생들이 학습하는 시기에 좀 더 가까이 다가갈 수 있도록 돕는 1차 역사 자료가 포함될 수 있다. 역사 자료를 다루려면 비판적 접근이 필요한데, 교사들이 같은 사건이라도 다르게 해석할 수 있는 자료를 제시할 때 더욱 그러하다.

88. (d) 다양한 출판사에서 나오는 다양한 교과서들을 승인함으로써 교사들이 그중에 선택할 수 있도록 해야 한다. 또한 커리큘럼은 교사들이 정부 부서의 사전 승인을 받지 않고도 보충 교재(특

히 인증된 역사 자료)를 소개할 수 있도록 적절한 시간을 배당해야 한다(이상적으로는 전체 시간의 30퍼센트).

이상에서 살펴본 바와 같이 《한국사》 교과서 국정화는 유엔 보고서의 권고와는 정반대 방향으로 교과서 발행제도를 바꾸는 것이다. 국정제는 물론 기존의 역사 교과서 검정제도 유엔 보고서 정신에 위배된다. 나아가 '국격'을 언급하지만 국제 사회에서 한국의 위상에 어울리지 않는다. 한국의 국제적 지위와 유엔의 권고에 비추어 보아도, 이제 역사 교과서 발행제도의 전면적인 재검토를 논의해야 할 시점이다. 그러나 그 방향은 국정제가 아니라, 검정 역사 교과서 발행제도와 검정 과정에 내포되어 있는 각종 통제를 철폐하여 교과서를 다양화하는 방안을 어떻게 마련하느냐는 것이다.

2장

국정
역사 교과서의
역사

1

근대의 역사 교과서와 교과서 제도

한국에서 교과서가 처음 발행된 것은 언제일까? 학교 교육에 사용되는 기본 교재를 교과서라고 한다면, 그런 의미의 교과서는 근대 이전에도 있었다. 조선시대 사람들은 《천자문》을 보고 글자를 익혔으며, 그 다음에는 《명심보감》, 《소학》 등을 배웠다. 이어 《통감절요》, 《사략》 같은 역사 교재도 읽었다. 오늘날의 교과서인 셈이다. 처음부터 교재용으로 만든 책들도 있었다. 명종 때 박세무는 자식들에게 유교 윤리와 중국 및 한국 역사를 가르치기 위해 《동몽선습(童蒙先習)》을 썼다. 이 책은 왕세자 교육에 사용되었으며 조선 후기에는 국가가 나서서 보급했다. 영조 때 이만운은 중국과 한국의 역사를 담은 교육용 교재로 《기년아람(紀年兒覽)》을 펴내기도 했다. 이 책들도 오늘날로 치면 교과서인 셈이다. 그렇지만 근대적 의미의 교과서가 나온 것은 1894년 갑오개혁 이후였다.

근대 교육의 시작과 역사 교과서 발행

—

'교과서'라고 하면 우리는 모든 학생들이 정해진 과정에 따라 배울 때 일제히 사용하는 교재를 떠올린다. 이런 성격의 교과서는 근대 교육이 시작되면서 발행되었다. 1894년 갑오개혁 이후 조선 정부는 근대 교육제도를 도입했다. 오늘날 교육부에 해당하는 학무아문(學務衙門, 나중에 '학부'로 개칭)이 독립 부서가 되었으며, 초등학교인 소학교와 소학교 교사를 양성하는 한성사범학교를 세웠다. 조선시대 최고 교육기관인 성균관 학생들에게도 근대 학문을 일부 가르쳤다. 학부에서는 이런 학교들에서 사용할 교과서를 간행했다. 이 중에는 역사 교재도 포함되었다.

《조선역대사략(朝鮮歷代史略)》, 《조선역사(朝鮮歷史)》, 《조선약사(朝鮮略史)》는 한국사 교재였으며, 《만국사략(萬國史略)》, 《태서신사(泰西新史)》, 《아국역사(俄國歷史)》는 세계사 교재였다. '태서(泰西)'는 서양을 뜻하며, '아국(俄國)'은 러시아를 가리킨다. 한국사 교재 3권은 별개의 책이 아니라 모두 《조선역대사략》을 토대로 줄이거나 보충하여 만든 것이다. 그러나 《조선역대사략》도 조선 후기에 나온 역사책 몇 권을 편집하여 만든 것이다. 국사 교과서를 썼다기보다는 학교에서 사용할 교재를 만들었다고 할 수 있다. 다만 소학교, 사범학교, 성균관에서 사용하기 위한 것이었다.

조선 정부의 교육기관에서 발행했으므로 국정 교과서인 셈이다. 그렇지만 오늘날의 국정 교과서와는 성격이 다르다. 학교에서 사용할 교재가 없어서 학부에서 우선 만들었을 뿐, 교과서를 단일화한다든지 내용을 통일하려는 의도는 없었다. 교과서에 대한 특별한 규정은 없었으며 학교 교육에 반드시 학부 발행 교과서를 사용해야 하는 것도 아니었다. 교과서 발행제도가 없었으니 오히려 자유발행제였다고 할 수 있다.

시간이 지나면서 차츰 민간에서도 교과용 도서들을 펴냈다. 1897년에 대한제국이 선포되고 일련의 개혁을 하면서 각종 학교들이 세워졌지만, 민간에서 발행하는 교과서들이 나오자 1899년 이후에 학부는 더 이상 교과서를 간행하지 않았다. 학교들도 주로 민간에서 발행한 교과서를 사용했다.

역사 교재만 해도 한국사 교과서인《보통교과 동국역사》,《중등교과 동국사략》,《역사집략》,《대동역사》등을 비롯하여 을지문덕, 연개소문, 이순신 등의 위인전이나 세계사, 외국 흥망사를 다룬 책이 수십 종에 달했다. 이때 역사 교재들은 대중에게 역사적 사실을 알려서 민족자주정신을 심어준다는 자강과 계몽적 성격을 띠었다. 그렇지만 교육과정이나 체계적인 한국사 연구를 토대로 한 것은 아니었다. 가장 널리 사용되었던 것으로 알려진 현채(玄采)의《중등교과 동국사략》이 일본인 하야시 다이스케(林泰輔)가 쓴《조선사(朝鮮史)》를 번역한 뒤 수정과 첨삭을 거쳐 쓴 것은 이를 보여준다. 다만 현채의 책은 '조선'이라는 의식을 가지고 있었으며, 한국인의 자주성과 민족의식을 높이려고 했다. 일본이 한국의 통치권을 실질적으로 장악하면서 교과서를 통제하는 정책을 취한 이유도 이런 경향 때문이었다.

반일의식 통제를 위한 교과서 검정제도

—

교과서 제도가 처음 생긴 것은 을사조약으로 일본이 한국의 내정간섭을 본격화한 다음이었다. 을사조약 이후 일본은 한국의 교육 업무에도 깊숙이 관여했다. 학부의 교과서 발행을 장악했으며, 나아가 민간에서 발행하던 교과서를 통제하기 시작했다.

1908년 8월 28일 학부는 '교과용 도서 검정 규정'을 공포했다. 우리나라 최초의 교과서 발행 규정이었다. 그런데 이보다 이틀 전에 공포된 '사립학교령'은 교과서를 학부가 편찬하거나 학부대신의 검정을 받은 책으로 제한하고, 이 밖의 책을 교과서로 사용하려면 학부대신의 인가를 받아야 한다고 규정했다. 교과서를 국정과 검정, 인정 도서로 제한한 것이었다. 사립학교 교육이 학생들에게 반일의식을 심어준다고 여기고 교과서 내용을 통제하고자 한 것이다. 그러나 이때까지 검정제나 인정제에 대한 규정이 마련되지 않았으므로 국정, 검정, 학부대신 인가의 근거가 없는 상태였다.

이처럼 제도가 갖추어지지 않은 상태에서 정책을 먼저

시행하는 것은 1970년대 국정《국사》교과서 발행 때도 찾아볼 수 있다. 어쨌든 '교과용 도서 검정 규정'은 이런 문제점을 해소하고 교과서 내용을 통제할 수 있는 제도적 장치를 마련하기 위한 조치였다. 최초의 교과서 규정이 학교 교육을 활성화하고 학생들의 학습을 돕기 위한 것이 아니라 교육 내용을 통제하기 위한 목적이었다는 사실은 교과서 제도의 속성을 잘 보여준다. 제한 규정이 많고 발행 절차가 복잡할수록 교과서 제도는 교육을 통제하는 기능을 하게 된다. 당시의 검정 기준을 보면 이런 의도가 잘 드러난다.

1909년에 시행된 교과서 검정에서는 반일적 내용이 있는지의 여부가 주된 심사 기준이었다. 검정 심사 기준은 정치적 측면 6개 항, 사회적 측면 3개 항, 교육적 측면 3개 항으로 모두 12개였는데, 정치적 측면에는 '한국과 일본의 관계와 양국의 친교를 저해하거나 비방하는 내용이 없는가?', '기교(奇矯)하고 편협한 애국심을 고취하는 내용이 없는가?', '배일사상을 고취하거나 특히 한국인으로 하여금 일본인이나 그 밖의 외국인에 대해 나쁜 감정을 가지도록 하는 내용과 말투가 없는가?'와 같이 일본에 우호적일 것을 요구하는 조항이 3개나 있었다. 그 밖에도 국정(國情)에 위배되지 말아야 한다든지, 사회주의 사상을 담지 말아야 한다는 정치 사상 관련 기준이 포함되었다.

1909년 보통학교, 고등학교, 고등여학교, 외국어학교 등에서 사용하는 교과서도 학부가 편찬하거나 학부대신의 검정을 받은 것 또는 인가를 받은 것으로 한정함으로써 통제 대상이 모든 학교로 확대되었다. 이런 교과서 통제는 한국을 강제병합한 후에도 그대로 이어졌다.

일제하 국정 역사 교과서

우리는 일제 통치기의 교과서들이 당연히 국정이었을 것이라고 생각한다. 반은 맞고 반은 틀린 생각이다. 일제 치하에서 국정 교과서는 초등용 교과서뿐이었다. 중등학교 교과서는 검정이나 인정 도서였다. 일제 말에 중등 교과서도 국정으로 발행하려 했으나 실행하지 못했다. 초등이 아니라 중등 교과서만을 가지고 논란을 벌이고 있는 지금의 상황에 비추어보면, 역사 교과서 국정화는 일제 치하에도 없던 일이다. 그러므로 국정 교과서를 논의하고 있는 이 책의 주제와 관련하여 일제하 역사 교과서 중에서는 주로 초등 교과서를 이야기하게 될 것이다. 다만 일제 말에 나온 유일한 중등 국정 역사 교과서 내용만 덧붙이도록 한다.

조선총독부 발행 초등 역사 교과서

—

국정 교과서가 본격적으로 간행된 것은 일제 통치기였다. 학교에서 사용하는 교과서는 조선총독부가 펴내거나 검정 또는 인가한 것이어야 했다. 조선총독부는 초등학교 교과서를 직접 편찬하고, 중등학교 교과서는 검정 또는 인가를 받아서 사용하게 했다. 그런데 중등의 인가 도서는 일본의 검정 교과서였으므로, 초등 교과서는 국정, 중등 교과서는 검정 도서인 셈이다. 이는 일본의 교과서 발행 방식을 그대로 따른 것이었다.

조선총독부가 초등 역사 교과서를 처음 발행한 것은 1920년이다. 1910년대에는 보통학교(오늘날의 초등학교)에 역사 과목을 별도로 두지 않고 《국어(일본어)독본》을 통해 가르쳤기 때문이다. 이는 1910년대 보통학교가 4년제였기 때문이지만, 6년제였던 일본 소학교 학업 기간보다 짧다는 것 자체가 차별적인 교육이었다. 3·1운동을 계기로 보통학교 교육이 6년으로 늘어나면서 학교에서 역사를 가르치게 되었다.

그러나 교재가 없었던 데다가, 조선교육령(오늘날의 교육과정)을 개정하는 데 시간이 걸렸기 때문에 임시로 일본 소학교의 《심상소학국사(尋常小學國史)》를 그대로 가져다 사용했다. 그런데 이 책은 일본에서 사용하던 역사 교과서였으므로 한국사 내용이 없었다. 그래서 조선총독부는 급히 간단한 한국사 내용이 담긴 《심상소학국사 보충교재》를 만들었다. '심상(尋常)'은 '예사롭다', '보통이다'라는 뜻이므로 '심상소학국사'는 일반적인 소학교 학생들을 대상으로 하는 역사 교재라는 의미다. 1922년에 조선총독부는 《심상소학국사 보충교재》를 없애고 일본사를 중심으로 다루되 한국사를 일부 집어넣은 《보통학교 국사》를 펴냈다. 이후 《보통학교 국사》는 개정을 거쳐 1936년까지 계속 발행되었다.

일제하 보통학교의 역사 교과서 내용을 분석한 연구들은 상당수 있지만, 이를 자세히 검토하는 것은 이 책의 목적이 아니므로 《보통학교 국사》의 내용을 소개하지는 않기로 한다. 다만 짚고 넘어갈 점은 이 교과서에서 우리가 식민사학의 논리라고 알고 있는 역사 인식이 그대로 드러난다는 것이다. 예를 들어 조선총독부가 처음 펴낸 《심상소학국사 보충교재》에 나오는 내용의 일부를 서술 순서대로 소개하면 다음과 같다.

① 고조선은 기자조선부터 시작된다. 기자는 중국에서 한반도 북부에 와서 왕이 되었다.

② 아마테라스 오미카미의 동생인 스사노오노미코토는 아들과 한국에 건너간 적이 있다.

③ 가야는 일본의 제10대 천황인 스진천황(崇神天皇) 때 일본에 사신을 보내 조공을 바치기 시작했다.

④ 석탈해는 일본에서 건너가서 신라 제4대 왕이 되었다.

⑤ 신공황후는 신라를 정벌하고 일본부를 가야 땅에 두어 이 지역을 통치했다. 신라, 고구려, 백제는 모두 일본에 조공을 바쳤다. 또한 신라와 백제는 인질을 일본에 보내 성의를 표했다.

아마테라스 오미카미는 일본 신화에 나오는 태양신으로, 일본 황족의 조상신으로 받들어진다. 스사노오노미코토는 아마테라스 오미카미의 동생이다. 스사노오노미코토가 한국에 건너간 적이 있다는 것은 고대 일본이 한국을 지배했으며 한국과 일본의 조상이 같다는 것으로, 일선동조론을 합리화하기 위한 주장이다. ③과 ④는 고대 한반도 남부 지역의 국가들이 일본에 조공을 바쳤다는 논리다. ⑤는 잘 알려진 임나일본부설이다. 특히 임나일본부설은 2개 항목으로 나뉘어 서술되어 있다.《심상소학국사》에서 다루는 한국사는 전체 26개 항목이므로, 임나일본부설을 얼마나 비중 있게 다루었는지를 짐작할 수 있다. 이처럼《심상소학국사 보충교재》는 일본 신화의 내용이나 일본 역사책에 나오는 믿을 수 없는 기록들을 그대로 역사적 사실로 서술하고 있으며, 일선동조론과 임나일본부설을 통해 일본의 한국 지배를 정당화하고 있다.

물론 이후의 역사 서술에도 식민사학의 논리는 줄곧 이어진다. 조선의 사화와 당쟁을 강조한다든지, 일본의 한국 강제병합을 정당화하는 서술 등은 대표적이다. 그렇지만 이후의 서술 내용은 생략하기로 한다. 여기에서 일부를 소개한 것은, 국정 교과서가 얼마나 통치 권력의 정치적 의도와 역사 해석을 반영하는지를 확인해두기 위한 것이다.

일제 말 국정 역사 교과서의 확대

—

1930년대 후반에 조선총독부는 황국신민화 정책을 강화했다. 내선일체를 앞세웠으며, 1937년에 '황국신민서사(皇國臣民誓詞)'를 만들어서 아동과 일반인들에게 외우게 했다. 그리고 전쟁에 대비해서 국민총동원 체제를 갖추어갔다. 1938년에 개정한 조선교육령에서는 국체명징(國體明徵)·내선일체(內鮮一體)·인고단련(忍苦鍛鍊)을 교육 강령으로 내세웠다.

국체명징은 국체를 명확히 한다는 뜻으로, 국체는 글자 그대로 풀이하면 '나라의 본질'이지만, 일본의 조상신이 일본이라는 나라를 세우고 천황이 이를 지켜나간 정신을 뜻한다. 국체의 의미는 당시 일본이 온 힘을 들여 설명하고 국민들에게 주입시키고자 한 것이었다. 내선일체는 내지(內地), 즉 일본과 식민지인 조선이 하나라는 뜻이다. 인고단련은 어려움을 견디고 몸과 마음을 단련한다는 뜻이다. 국체명징은 교육의 목적, 내선일체는 교육의 운용, 인고단련은 교육의 방법에 해당한다고 할 수 있다.

3개 항으로 된 '황국신민서사' 마지막 항은 "우리 황국신민은 인고단련하여 힘을 길러 황도를 선양하련다"(성인용), "우리들은 인고단련하여 훌륭하고 강한 국민이 되겠습니다"였다.

내선일체의 논리에 따라 이제까지 '보통학교—고등보통학교/여자고등보통학교'와 '소학교—중학교/고등여학교'로 이원화되어 운영하던 초등·중등교육은 후자로 통일되었다. 일본과 같은 운영 방식으로 통일한 것이다. 자연히 《보통학교 국사》는 《초등국사》로 통합되었다. 또한 심상소학교 4학년에서도 일본사와 지리를 가르치기 위해 《국사지리》를 발행했다.

《초등국사》는 내선일체의 논리에 따라 이제까지 한국사를 일본사와 분리해서 서술하던 것에서 통합 서술로 바뀌었다. 지난날의 역사에서 한국과 일본이 우호적 관계임을 강조한 것도 같은 논리였다. 또한 일본의 신이나 천황을 받드는 정신을 철저히 내세웠으며, 일본의 세계적 발전을 강조했다. 전체적으로 볼 때 역사 교과서는 신화에 나오는 일본의 건국 정신을 강조하고 천황의 가계를 신성시했다. 그리고 한국 강제병합과 일본의 침략전쟁을 합리화했다.

《국사지리》는 일본사를 중심으로 관련된 지리 내용을 삽입하는 형태로 구성되었다. 《국사지리》는 인물을 중심으로 하는 《초등국사》 대신 국가의 발전을 직접적으로 서술했다. 역사와 지리로 나뉘는 6년제보다 적은 분량으로 역사와 지리를 가르치기 위한 것이므로 더 직접적이고 노골적으로 일본의 발전과 천황의 신성성을 강조함으로써 황국신민의 정신을 심어주고자 했다.

전쟁에서 국가를 위해 목숨을 바칠 것을 요구하는 것은 이 시기 역사 교과서 서술에서 빠지지 않는 내용이었다. 앞서 다른 책에서 인용한 사례를 다시 한 번 소개한다.

8일 아직 날이 밝기 전 일찍, 우리 해군 항공부대와 특별공격대는 하늘과 바다에서 하와이로 다가가서 진주만을 공격했습니다. 진주만은 오랫동안에 걸쳐 적국인 미국이 우리 나라를 공격하려는 기지로 굳게 다졌던 해군항이 있었습니다. 우리 군의 기습은 훌륭하게 성공을 해서 적의 태평양 함대는 그 주력이 거의 전멸을 당했습니다.

이 해전에서 적의 군항 깊이 잠입했던 특별공격대는 전원 20대의 청년 용사들이었습니다. 모두 칠생보국(七生報國)의 맹세를 굳게 하고 전쟁을 끝낼 날을 목표로, 생사를 잊고 훈련을 해온 것입니다.

"천황 폐하를 위해 아무런 아낄 것이 없는 젊은 사쿠라, 산화하여 보람 있는 목숨이라면 몸은 설령 이역의 바다에 흩어진다 해도, 지키고야 말리라, 대화황국(大和皇國)을."

용사들은 모두 이와 같은 용감한 각오로 임무에 종사하여 훌륭한 공훈을 세우고 이역의 바다에 산화하였습니다.

(6학년용 《초등국사》, 조선총독부, 1944, 272~273쪽)

이런 관점으로 역사 교과서 내용을 일원화하기 위해 일제 말에는 중등학교 교과서도 국정으로 전환하고자 했다. 1942년 3월에 조선총독부는 《중등국사》(저학년용)를 발행했다. 이 책은 천황을 살아 있는 신으로 떠받들고 일본의 건국 정신을 강조했으며, 침략전쟁을 대동아전쟁으로 미화했다. 불과 몇 달 전에 일어난 일본군의 진주만 공격이나 싱가포르 점령을 상세히 서술하기도 했다. 물론 이런 서술의 관점은 초등 역사 교과서와 별로 다를 게 없었다. 조선총독부는 《중등국사》(고학년용)를 간행하려 했으며, 한걸음 더 나아가 '중등국사'를 '황국사'로 대치하고자 했지만, 학제의 변경으로 학업 연한이 줄어들고, 전쟁 확대로 재정이 부족해지면서 실행에 옮기지 못했다.

중학교/고등여학교 저학년은 지금의 중학교에 해당한다. 현재 논란이 되고 있는 것은 고등학교 '한국사'인데, 여기에 해당하는 교과서는 일제 말에도 국정으로 발행된 적이 없다. 다만 현재 정부가 국정으로 바꾸려는 것은 고등학교 '한국사'와 중학교 '역사'이므로, 《중등국사》는 현재의 중학교 '역사' 중 한국사 내용을 담고 있다고 하겠다. 한국 사회에서 논란이 되는 것이 중등《역사》교과서이므로, 이 책을 더 살펴보기로 하자.

《중등국사》(저학년용)는 처음 나오는 '일러두기'에서 "이 책은 정치의 발전, 시세의 추이, 사회의 변천의 대요를 밝혀서 국체의 본의와 그 핵심을 이해해서 국민정신을 함양하게 하는 데 힘을 기울인다"라고 하고 있다. 그리고 천황의 계보도를 그린 다음에 30개 단원으로 나누어 역사를 서술한다.

1단원은 '조국(肇國)'인데, 조국은 나라를 세운다는 의미이지만 일반적인 건국은 아니다. 일본의 건국을 뜻하는 것으로, 일본의 건국 신화를 소개함으로써 '조국의 정신'을 밝힌다. 국체는 조국의 정신이므로 결국 국체를 설명하는 단원이다. 근대에 들어오면 각 단원의 제목이 국민정신과 관련된 용어들이다. 이를테면 '25. 제국헌법, 26. 국위선양(1), 27. 국위선양(2), 28. 정신작흥, 29. 대동아전쟁(1), 30. 대동아전쟁(2)' 등이다. '국위선양'에서는 러일전쟁의 승리와 한국 강제병합 등의 사건을 다루며, '대동아전쟁'에서는 중일전쟁과 태평양 전쟁의 전개 과정을 장황하게 서술하고 국민정신의 중요성을 강조한다.

이 중 한국 강제병합과 대동아전쟁 서술 부분만 보기로 하자. 전쟁에서 어떤 정신을 가져야 하며, 일본 청년들이 어떻게 목숨을 바쳤는지에 대한 서술은 앞에서 소개했으므로, 여기에서는 국민정신을 세우는 부분을 인용하겠다. 국가가 어떻게 국민교육을 하려는지 보여주기 때문이다.

메이지 43년 한국 황제는 동아의 정세를 검토해서 인민의 건강과 행복을 도모하고, 동아의 평화를 영구히 확보하기 위해 우리나라와 하나가 될 것을 결의했다. 천황은 시세의 추이를 친히 살피시고 완전히 같은 마음으로 한국을 우리나라에 병합시키고, 조선총독을 두고 데라우치 마사다케를 임명하시고 제도를 정비해서 일시동인의 황화(皇化)를 널리 퍼지게 하셨다. 산업의 개발, 무역의 진흥에 힘써 생활의 안정에 힘쓰셨다.

(145쪽)

쇼와 15년에는 때마침 기원 2600년을 맞아 천황은 기원절 조서를 내리셔서 진무천황이 나라를 세우신 뜻을 삼가 받들어 모시고 (……) 국민은 모두 성스러운 뜻을 받들고 감격했으며, 팔굉일우(八紘一字)의 커다란 이상을 몸으로 받들어서 황실의 번영에 한몫을 할 것임을 굳건히 맹세했다. 천황은 국민 교화를 위해 교육의 쇄신을 꾀해서 국민학교 제도를 정하고 교육의 근본이 황국의 도를 수련하는 것임을 명확히 하고 대국민으로 동아의 지도자가 될 수 있는 충량유위(忠良有爲)한 황국신민이 되도록 단련을 하는 기초를 확립하셨다.

(171~172쪽)

국민학교는 1941년에 '황국신민을 기르는 학교'라는 뜻으로 소학교의 이름을 바꾼 것이며, 진무천황(神武天皇)은 일본이라는 나라를 실질적으로 세운 첫 번째 천황이라고 선전하고 있다. 당시 일본은 진무천황이 나라를 세웠다는 때를 건국 기원으로 삼았다. 1939년이 기원 2600년이므로 일본은 기원전 660년에 세워진 것이 된다. 진무천황이 즉위했다는 때를 일본이 건국한 해로 서술하는 것이다. 이는 우리가 일반적으로 알고 있는 일본의 역사와 다르며, 오늘날에는 일본 우익 교과서에서조차 이를 신화로 취급할 뿐이다.

해방 이후 국정 역사 교과서

1945년에 독립을 하면서 일제 통치기에 만들어진 역사 교과서는 자연히 폐기되었다. 교육 내용이나 교과서 발행제도가 바뀔 것이라고 누구나 예상할 수 있는 일이었다. 일본에서 그랬듯이 국정제도 폐지될 것으로 기대되었다.

해방 직후의 임시 역사 교재 발행

그러나 이런 기대는 일부만 실현되었다. 중등학교 역사 교과서는 검정으로 바뀌었지만, 초등학교 교과서는 여전히 국정으로 발행되었다. 그러다가 1970년대 들어서는 오히려 국정 역사 교과서가 부활했다. 정차적 의도와 사회 상황이 역사 교과서 발행제도에 영향을 미쳤다. 역사 교과서를 국정으로 발행한 의도는 무엇이며, 국정 역사 교과서는 어떻게 변화했는지 살펴보자.

남한의 학교 교육에 관심을 기울이던 미군정은 서둘러 임시 역사 교재를 간행했다. 《초등국사》와 중등용 《국사교본》이었다. 당시 남한을 통치하던 미군정이 발행한 교재이므로 국정 도서라고 할 수 있지만, 나라가 독립했는데 황국사관을 담은 조선총독부의 역사 교과서를 계속 쓸 수는 없고 달리 대체할 마땅한 교재가 없는 상황이어서 급히 개발한 임시 교재였다.

먼저 나온 《초등국사》는 미군정이 만들었지만, 인쇄와 보급은 시·도마다 별도로 이루어졌으며, 인쇄본으로 나온 책도 있고 필사한 것을 프린트본으로 만들어 사용한 책도 있다. 책 이름도 '초등국사', '초등국사교본', '국사임시교재' 등으로 제각각이었다. 교과서의 내용에 나타난 한국사 체계나 역사 인식, 역사적 사실의 평가도 서로 달랐다.

《초등국사》가 민족주의적 관점이 강한 데 반해, 중등 《국사교본》은 문헌고증사학의 영향을 강하게 받았다. 진단학회에 의뢰하여 집필한 중등 《국사교본》은 김상기와 이병도가 집필했으며, 《초등국사》는 책에 저자 이름이 명시되어 있지는 않지만 미군정청에서 편수 업무를 담당했던 황의돈이 집필한 것으로 추정된다. 중등용《국사교본》은 신라사가 중심이지만,《초등국사》는 고구려를 별개의 독립 단원으로 서술한다.《국사교본》은 발해사를 삼국 문화를 다루는 중단원의 한 소단원으로 서술하지만,《초등국사》는 발해를 독립 단원으로 서술하면서 남북조로 보고, 더구나 통일신라보다 발해를 먼저 서술한다.《국사교본》에서는 조선의 사화나 당쟁을 자세히 서술하고 있지만,《초등국사》에서는 아예 다루지 않는다. 이런 서술의 차이는 저자의 관점이 강하게 반영된 결과로 보인다.

그러나 교수요목(教授要目)이 공포되고 이에 따라 교과서가 간행되면서 교과서 국정제가 없어질 것이라는 기대는 이루어지지 못했다. 교수요목에 따른 교과서는 정부 수립 이후인 1949년부터 본격적으로 간행되었다. 이승만 정부의 문교부는 당시 국민학교 교과서를 국정으로 발행하고, 중등학교는 국정과 검정 도서를 과목에 따라 정하도록 했다. 역사 과목의 교과서는 검정 도서였다. 국민학교의 역사 과목은 사회생활과에 포함되어 '우리나라의 생활'이라는 이름으로 교과서가 개발되었으며 이후에도 '사회'라는 명칭을 사용했으므로, 국정 역사 교과서는 자취를 감춘 셈이었다. 그러나 국민학교 교과서는 국정, 중·고등학교 역사 교과서는 검정으로 발행되었다는 점에서 결국 역사 교과서 발행제도는 일제하와 마찬가지였다.

나는 교과서 국정제 이야기가 나올 때마다 초등학교 교과서가 국정으로 발행되는 것이 왜 한국 사회에서는 별문제가 되지 않는지 의아한 생각이 든다. 사실 중등 교과서뿐 아니라 초등 교과서도 국정으로 발행하는 나라는 많지 않다. 아시아권 국가에서는 다수 있지만, 우리가 선진국이라고 치켜세우는 미국이나 유럽 국가 중에서는 찾아보기 힘들다. 물론 아시아권 국가들도 중등 교과서는 검정으로 발행하는 경우가 훨씬 많다. 2000년대 들어 중·고등학교 교과서를 전면적으로 검정으로 바꾸면서 교육부는 초등학교 일부 교과서를 검정으로 전환할 예정이었다. 그중에는 《사회》도 포함될 것으로 알려졌다. 그러나 어떤 이유에선지 초등학교 교과서를 검정으로 전환하는 작업은 중단되었다. 그 '어떤' 이유가 무엇인지는 모르겠지만, 중등 《역사》 교과서의 국정화 문제뿐 아니라 초등 《사회》 교과서, 나아가서는 초등 전체 교과서를 국정으로 간행하고 있는 문제도 논의되어야 할 것이다.

1960년대 말~1970년 초의 국정 《국사》 교과서

국정 역사 교과서가 다시 등장한 것은 1960년대 말이다. 박정희 정부는 국사 교육을 강화하면서 점차 역사 교과서를 국정화로 바꾸었다. 먼저 국정으로 발행된 것은 실업계 고등학교 《국사》 교과서와 국민학교 교과서였다. 국정 실업계 고등학교 《국사》 교과서는 1968년에 처음 발행되었으며, 1971년에 개정되어 1978년까지 사용되었다. 이어 1972년에는 국민학교 5·6학년 《국사》 교과서가 국정으로 발행되었다. 《국사》뿐 아니라 실업계용 고등학교 《세계사》 교과서도 국정으로 발행되었다. 국민학교에서는 이전에 한국사 내용이 《사회》 교과서 속에 들어가 있었지만, 이때부터 별도의 《국사》 교과서를 펴냈다. 국사 교육 강화 정책의 일환이었다.

실업 교육은 당시 박정희 정부가 힘을 기울이던 분야였다. 1963년에 공포된 제2차 교육과정에서 실업계 교육과정을 별도로 둔 것에서도 이를 짐작할 수 있다. 우리는 보통 《국사》 교과서가 국정화된 것이 1974년부터라고 말한다. 그렇지만 이는 중학교와 인문계 고등학교를 기준으로 한 것이다. 1970년대 전체 고등학생 가운데 실업계 고등학생이 40퍼센트대를 차지했으므로 결코 무시할 수 없는 비율인데도, 역사교육 논의에서 배제되곤 한다. 하긴 나도 다른 사람에게 설명할 때는 국정《국사》교과서가 발행된 것이 1974년부터라고 설명한다. 교육과정이나 교과서 역사에 익숙하지 않은 사람들에게 실업계와 인문계를 구분하여 설명하기도 쉽지 않은 데다가, 실업계 고등학교용 국정《국사》교과서는 별다른 논란 없이 만들어진 반면에 인문계 고등학교 국정《국사》교과서 간행은 나름대로 치밀한 계획 아래 추진되었기 때문이다.

어쨌든 실업계 고등학교 국정《국사》교과서에는 5·16 군사정변을 합리화하는 등 박정희 정부의 정당성을 뒷받침하고 정책을 홍보하는 내용이 대폭 들어갔다. 5·16군사정변은 4·19혁명 이후 혼란에 빠진 한국 사회를 위기에서 구하기 위한 어쩔 수 없는 조치였으며, 박정희 정부는 경제발전의 기초를 다진 것으로 평가되었다.

한편 오랜 독재에 눌려 오던 민중들 가운데는 자유를 그릇 해석하는 방종적 행동으로 흐르는 자가 속출하여 각종 명목의 데모

속에 사회는 극도로 혼란하였다.

4월 의거 이후 민주적 안정 세력이 자리 잡히지 못함으로써 사회의 혼란과 불안이 증대되는 가운데 38°선 이북의 공산세력의 야심이 꿈틀거리게 되자, 파쟁과 혼란을 일소하고 공산 침략에서 국가와 민족을 건지기 위하여 일어난 것이 5·16혁명이었다.

(실업계 고등학교 《국사》, 1968, 191~192쪽)

제3공화국은 자주 독립, 경제 자립, 조국 근대화를 지향하여 다변 외교, 사회 쇄신, 봉건적 잔재의 타파, 문화 발달에 매진하는 한편, 경제개발 5개년 완수에 총력을 기울였다. (……) 경제적으로는 1966년 제1차 경제개발 5개년 계획의 소정 목표를 달성하여, 해방 후 20년의 숙제였던 기간 산업 확충을 이루어, 발전을 위한 기초 작업을 끝냈다.

(실업계 고등학교 《국사》, 193쪽)

박정희는 1972년 10월에 '10월 유신'을 선포하고 비상계엄 아래에서 유신헌법을 만들어 대통령의 권한을 극대화하고 영구집권을 가능하게 했다. 국정 《역사》 교과서는 10월 유신을 정당화하는 내용을 담았다. 1973년 1학기부터 사용된 국민학교 《국사》 교과서에는 벌써 '유신헌법과 한국적 민주주의'라는 항목을 두어, 일어난 지 몇 달 지나지 않은 10월 유신과 유신헌법을 정당화했다.

우리의 현실에 알맞는 민주제도를 마련하고, 우리 민족의 과제를 해결하지 않으면 안 되게 되었다. (……) 이리하여 국민들의 지지로 10월 유신헌법이 마련되었고, 밝은 내일을 위하여 힘찬 전진을 하게 되었다.

《《국사 6》, 1973, 128~129쪽)

'유신헌법 공포식'과 '통일주체국민회의 개회식' 사진도 실렸다. 이처럼 10월 유신을 홍보하는 내용은 곧이어 실업계 고등학교 《국사》 교과서에도 들어갔다.

이와 함께 당시 문교부는 《시련과 극복》이라는 중·고등학교 독본용 역사 교과서를 보급했다. 이 책은 오랫동안 별 관심을 받지 않았다. 1980년대 후반 국정 《국사》 교과서에 대한 비판이 한창일 때도 이 책에 대한 별다른 지적은 없었다. '독본용'이므로 학교 정규 수업시간에 널리 사용되지 않았기 때문일 것이다. 나는 역사교육을 전공하는 관계로

이 책의 존재를 일찍부터 알고 있었지만, 돌이켜보면 고등학교 때 이런 책이 있었다는 것만 얼핏 생각날 뿐이고 실제로 배운 기억은 없다. 그렇지만 이 책은 박정희 정부의 역사 인식이나 교육관을 보여주는 것으로 근래에 주목을 받고 있다.

《시련과 극복》은 1부와 2부로 나뉘는데, 1부에서는 국난극복 정신과 민족주체의식을 강조하고 1971년의 국가비상사태 선언을 정당화하고 새마을운동을 홍보하고 있다. 1973년 이후 나온 책에는 당연히 10월 유신도 들어가 있다. 2부는 '국난을 이겨낸 겨레의 슬기'라는 제목으로 고조선부터 현대까지의 대외항쟁사를 서술하고 있다. 우리 민족의 대외항쟁사를 앎으로써 국난극복의 정신을 기를 수 있다는 것이다. 그런데 이런 국난극복의 정신을 대표하는 것이 무인(武人) 정신이다. 《시련과 극복》에서 삼별초 항쟁은 '고려 무인의 전통적 기백'으로 서술된다.

이리하여, 항몽 세력의 최후의 아성은 마침내 완전히 무너지고, 삼별초의 항전도 끝나고 말았다. 그러나 그들이 3~4년 동안에 걸쳐 대몽 자주항쟁을 벌인 것은 역시 고려 무인의 전통적 기백을 드러낸 것이라 아니할 수 없다.

(108쪽)

이런 식의 서술은 다른 국정《국사》교과서도 마찬가지다. 실업계 고등학교용《국사》교과서에는 '고려 군인의 왕성한 자주 정신과 국토 수호의 투지를 유감 없이 발휘'한 것(1968년판, 91쪽)으로, 뒤에서 언급할 1979년판 중학교 국정《국사》교과서에는 '고려 무인들의 몽고에 대한 항쟁 의식'(99쪽)으로 표현되고 있다. 이는 당시 한국 사회가 국난에 처해 있으며, 박정희 정부가 이를 극복할 것임을 시사한다. 그리고 박정희 정부가 5·16군사정변으로 집권한 군인 출신이라는 사실과도 무관하지 않을 것이다.

1974년 역사 교과서의 전면적 국정화

―

1970년대 들어 박정희 정부는 본격적으로 중·고등학교 역사 교과서에 개입했다. 그 귀결점은《국사》교과서의 전면적인 국정화였다. 문교부는 1973년 유신 정신 반영, 새마을운동과 수출 증대 보강, 급변하는 국제 사회에의 적응,

국사 교육 강화 등의 방향으로 교과서를 개편하라는 지시를 했다. 일방적인 정치적 지시이지만, 당시에는 이를 반박하기보다는 오히려 어떻게 받아들일 것인가를 고심했다. 수용 여부도 저자보다는 출판사가 판단했다. 수정 지시가 너무 광범위하지만 거부할 수 없었던 출판사들은 이를 받아들여 검정 교과서를 한 종류로 통일하여 수정하겠다고 답했다. 이어 단일본 검정 교과서 편찬 작업에 들어갔다. 정부의 요구대로 교과서를 써서 단일본으로 발행하고자 한 것이므로 국정 교과서나 다를 바 없었다. 그럼에도 박정희 정부는 《국사》 교과서를 국정으로 전환하여 1974년 1학기부터 사용하도록 했다. 고등학교 교육과정은 아직 개정되지도 않은 상태였다.

나는 이 책을 쓰면서 '국사 교과서의 국정화 방안 보고'라는 글을 다시 한 번 읽어보았다. 대통령비서실의 한기욱 비서관이 작성한 이 보고서에는 문교부가 작성한 보고서가 첨부되어 있다. 우선 현재와 비교하여 두드러지게 차이가 나는 점은, 검정 교과서에 대해 '유신 정신 반영', '새마을운동, 수출 증대, 교육 재료 보강', '급변하는 국제 사회에 적응'과 같은 정치적 의도를 담은 수정 지시를 했다는 사실을 드러내놓고 밝히고 있는 것이다.

각국의 교과서 발행제도를 조사한 결과도 쓰고 있는데, 아시아는 나라별로 표시하고, 유럽과 아프리카는 묶어서 표시하고 있다. 아시아(오세아니아 포함) 국가로는 일본, 뉴질랜드, 대만, 필리핀, 인도, 태국, 말레이시아, 호주, 베트남 등이 있는데, 이 중 인도만 국정과 검정을 병행할 뿐, 나머지 국가들은 모두 검정제로 발행하고 있다고 적었다. 아프리카는 묶어서 국정과 검정을 함께 표시하면서, 비고란에 20개국은 국정, 4개국은 검정이라고 표시하고, 검정제를 택하고 있는 나라로 이집트, 나이지리아, 에티오피아, 남아프리카를 명시하고 있다. 그런데 유럽은 국정과 검정이 함께 표시되어 있을 뿐 아무런 설명이 없다. 아마도 국정제인 나라와 검정제인 나라가 있다는 정도의 의미일 것이다. 아프리카에서 나라별 조사를 한 것을 보면 유럽 국가들도 조사를 했을 텐데, 왜 나라별 설명이 없는지는 의문이다.

더 관심을 끄는 것은 국정제와 검정제의 장단점을 비교한 표다. 현재의 국정제 논란에 비추어 돌이켜볼 만하기에 그 표를 그대로 옮겨본다.

| 표 1 | 국정제도와 검정제도 비교

구분	장점	단점
국정	① 사관의 통일 ② 편찬 시일 단축 ③ 가격 저렴	① 학자(저자)의 정부 협조 및 참여 의식 감퇴 비판 ② 저자 검정 업자의 반대
검정	① 창의 경쟁으로 질 향상 ② 학자(저자)의 연구 조장	① 사관 통일 곤란 ② 검정 시일 소요 ③ 가격 고가화(다종 발행 시)

　정확하게 한다는 뜻으로 그대로 옮겼지만, 국정의 단점 ①의 '참여 의식 감퇴 비판'은 참여 의식의 감퇴를 비판한다는 뜻이 아니라 '참여 의식 감퇴, 비판'의 쉼표가 빠진 것이다. 마찬가지로 ②의 '저자 검정 업자의 반대'는 '저자, 검정 업자의 반대'이다.

　위의 표에서 드러나듯이 박정희 정부의 문교부도 국정보다는 검정 교과서가 질을 높인다고 판단하고 있다. 그래서 편찬 시일 단축이나 가격 저렴과 같은 실용성을 내세웠던 것이다. 이에 반해 교육이나 학문적 측면에서는 검정 교과서가 낫다는 점을 인정하고 있다.

　그런데 1974년에 간행된 국정 《국사》 교과서는 위의 〈표

1)에서 예상한 '사관의 통일'이라는 장점마저 달성하지 못했다. 국정 《국사》 교과서는 정부 시책의 홍보뿐 아니라 학계의 통설이 아닌 특정 해석을 싣고, 중학교 교과서와 고등학교 교과서 사이에 역사적 사실에 대한 설명이 다른 점 때문에 많은 비판을 받았다.

예를 들어 1974년 《창작과비평》 여름호에 실린 시대별 분석 가운데 같은 역사적 사실을 중·고등학교의 《국사》 교과서가 다르게 서술하고 있다는 비판을 몇 가지 옮겨보자.

① 청동기 문화의 상한선이 같지 않으며, 마한·진한·변한이 중학교 교과서에는 부족국가, 고등학교 교과서에는 연맹체로 서술되어 있다.

② 고등학교 교과서는 15세기 조선 사회의 신분을 양인과 천인으로 구분한 반면, 중학교 교과서는 양반, 중인, 상민, 천인으로 구분하고 있다.

③ 중학교 교과서는 실학을 서양 문물의 영향으로, 고등학교 교과서는 중국 문화의 부활로 설명하고 있다.

④ 흥선대원군의 정치를 중학교는 전제정치로 규정한 데 반해, 고등학교 교과서는 개혁정치라고 찬양한다.

이 밖에도 학설상의 문제나 역사 해석과 관점의 문제들이 다수 지적되었다. 흥미로운 사실은, 이 분석에서 고대사 부분을 맡아서 위의 ①과 같은 지적을 한 사람이 현재 국사편찬위원회 위원장으로서 역사 교과서 국정화 작업에 몰두하고 있는 김정배라는 것이다. 물론 시대가 바뀌면 생각도 바뀔 수 있는 것이지만, 그 변화가 시대 상황의 변화에 따른 것인지 개인의 변화인지는 당사자뿐 아니라 사회에서 평가를 해볼 일이다.

당시 문교부는 《국사》 교과서를 국정으로 발행했지만, 발행권은 검인정교과서협회에 맡겼다. 국정화에 따라 수입이 줄어들 것을 우려한 검인정 교과서 출판사들의 반발을 무마하기 위한 것이었다. 그러나 문교부와 국정 교과서를 발행하는 검인정교과서협회 사이의 유착관계도 사회적 문제가 되었다.

박정희 정부는 '국정'이라는 말에 대한 거부감을 없애고 비판을 완화하기 위해 이름을 '1종'으로 바꾸었다. 그리고 문교부가 교과서를 발행하되 전문 연구기관이 펴내는 도서라는 의미로 '연구개발형 도서'라고 불렀다. 마치 현재 교육부가 국정 역사 교과서를 '올바른 역사 교과서'라고 부르는 것을 연상시킨다. 그러나 국가가 직접 펴내는 단일한 교과서라는 점에서 국정 도서였다. 교과서 편찬의 실무 작업도 정부기관인 국사편찬위원회에서 맡았다. 교과서 표지에는 '국사편찬위원회 1종도서연구개발위원회'라고 이름이 제시되어 있지만, 1종도서연구개발위원회는 상설기구가 아니라, 교과서를 개발할 때 국사편찬위원회가 집필자를 섭외하여 구성한 기구였다. 따라서 실제로는 국사편찬위원회가 국정 《국사》 교과서를 개발하는 것이었다. 이후 국정 《국사》 교과서는 으레 국사편찬위원회가 맡아서 개발했다. 이번에 국사편찬위원회가 국정 《한국사》 교과서의 발행을 주관하는 전례가 된 것이다.

1979년의 국정 《국사》 교과서는 '1종'이라는 이름으로 개발되었다는 것 외에 몇 가지 점에서 주목할 만한다. 첫 번째는 학교급별로 달랐던 국사 교과서가 하나로 통합되었다는 점이다. 우선 여러 종류의 국사 교과서가 하나로 통합되었다. 고등학교 국사 교과서는 인문계용과 실업계용을 구분하지 않고 《국사》로 발행되었다. 《시련과 극복》도 없어졌다. 실제로는 이전 인문계용 국사 교과서로 통합한 것이었다. 이렇게 바뀐 것은 실업계 고등학교의 비중이 낮아

졌기 때문이기도 하지만, 교과서 발행 구조를 단순화한다는 의미도 있었다. 한편 국민학교 5, 6학년용으로 간행되던 《국사 5》와 《국사 6》도 더 이상 나오지 않았다. 교과서 통합에 따라 고등학교 《국사》 교과서에는 이전 다른 교과서에 들어 있던 일부 내용들이 보완되었다. 대표적인 것이 대외항쟁사 서술이 늘어난 것이다.

두 번째는 고등학교 《세계사》 교과서가 국정으로 발행되었다는 것이다. 1982년 교과서 개정에서 고등학교 《세계사》 교과서는 다시 검정으로 환원되었으며, 1974년에도 국정으로 전환되지 않았다. 그러므로 1971년에 나온 실업계 고등학교 《세계사》와 이때 발행한 《세계사》만이 국정 《세계사》 교과서다.

문득 과연 이때 국정 《세계사》 교과서 내용은 어떠했을까 하는 호기심이 생겼다. 세계사에 나옴직한 현대의 역사적 사실 중 박정희 정부와 직접 관련된 베트남 전쟁과 한일 국교정상화 관련 내용을 찾아보았다. 혹시 《세계사》 교과서에 정부의 의지가 반영되었을까 하는 생각이었다. 이때 중학교 《사회 2》도 국정이 되었으므로 함께 살펴보았다. 그러나 특별히 주목할 만한 사실은 서술되지 않았다. 베트남 전쟁에 미국이 관여하고 우리나라도 참전했지만 결국 베트남은 공산화되고 말았다는 정도였다. 한일 국교정상화에 대해서는 중학교 《사회 2》에는 나오지 않고, 고등학교 《세계사》에 일본의 변화를 다루는 항목에서 '우리나라와의 국교정상화(1965)를 비롯하여'라는 구절이 한 번 나올 뿐이다. 그렇지만 세계사 교과서임에도 마지막 부분에 우리가 가져야 할 태도를 통해 당시 정부의 출범을 정당화하거나 홍보하는 내용이 포함되었다. 중학교 《사회 2》 교과서의 관련 내용을 보자.

이제, 우리나라는 세계사의 일원으로서 그 대열에 끼여 민족중흥의 역사적 과업을 추진하고 있다. 즉, 경제 발전과 자주 국방을 바탕으로 한 평화 통일의 민족적 과업의 달성을 위하여, 10월 유신을 단행하고 민족의 활로를 찾기 위한 새마을운동을 전개하고 있다.

우리는 이 나라에 태어나 우리 겨레의 슬기와 용기를 이어받고 조국의 내일을 책임져야 하는 역사적 사명을 띠고 있는 것이다.

(한국교육개발원, 중학교 《사회 2》, 문교부, 1980, 276쪽)

이제, 우리나라는 세계사의 일원으로서 그 대열에 끼어 민족중흥의 역사적 과업을 추진하고 있다. 즉, 경제 발전과 자주 국방을 바탕으로 한 평화 통일의 민족적 과업의 달성을 위하여, 민주·정의·복지사회를 지향하는 제5공화국을 출범시켰다.

(한국교육개발원, 중학교 《사회 2》, 문교부, 1982, 276쪽)

세계사 교과서이지만 현대사의 마지막 중단원인 '우리의 나아갈 길'에서 역사를 배운 우리가 가져야 할 마음가짐을 제시하고 있다. 이런 성격의 중단원은 1974년에 나온 단일본 검정 《사회》 교과서나 검정 고등학교 《세계사》 교과서들에도 들어 있기는 하다. 그렇지만 10월 유신과 새마을운동은 1974년판 《사회 2》에는 없었는데 1979년판에는 들어갔다.

한편 흥미로운 점은 위의 인용문에서 보듯이, 제5공화국이 들어선 다음 나온 교과서에 10월 유신과 새마을운동이 빠지고 그 대신 제5공화국이 들어가 있다는 것이다. 물론 1979년판과 1982년판은 개정 교과서가 아니라 같은 교과서인데, 이 부분이 새로 수록된 것이다. 1980년에 권력을 완전히 장악하고 1981년에 제5공화국으로 출범한 전두환 정부의 정당성과 정책을 제시한 것이다. 반면 새마을운동 과 10월 유신이 빠진 것은 자신들이 유신 정권을 이어받지 않았다는 평소의 주장에 따른 것이라고 하겠다.

교과서를 보면서 한 가지 더 흥미로운 점을 발견했다. 6·25전쟁을 세계사 교과서에서는 '한국전쟁'으로 표기하고 있다는 사실이다. 중학교《사회 2》와 고등학교《세계사》모 두 마찬가지였다. 같은 때 발간한 중학교와 고등학교《국사》교과서는 '6·25사변'으로 기술하고 있다. 마침 이 책을 쓰느라고 검색하던 중에 교육부가 역사 교과서 국정화를 확정 발표한 직후 한 인터넷 언론에서 검정《한국사》교과서를 비판하는 기사를 연재하면서 "6·25전쟁' 대신 '한국 전쟁' 고집하는 역사학자들"(《뉴데일리》 2015년 11월 19일)이 라는 제목을 붙인 것이 생각났다. 부제로 "국제전 성격 강조. 6·25전쟁이 '남침'이라는 사실, 희석시키려는 의도"라고 붙어 있었다. 이 기사는 1960년대 말부터 한국사 교육이 좌편향되었다고 주장하는 한 역사책의 내용을 옮긴 것이다.

이 기사대로라면 이때의 국정 세계사 교과서의 '한국전쟁' 표기는 어떻게 해석해야 할까? 같은 사건이지만,《한국사》는 '6·25'라고 하고,《세계사》는 국제 문제를 다루는 것이므로 '한국전쟁'이라고 쓰면 된다고 설명할 것 같기도 하다. 그러나 그 뒤를 이어 나온 검정《세계사》교과서들은 일제히 '6·25(남침)'이라고 표기하고 있다. 국정을 유지한 중학교《사회》교과서에서는 "북한 공산정권은 1950년 6월 25일, 불법으로 남침하였다"라고 서술할 뿐 사건명을 쓰지 않았다. 그런 점에서 보면 1979년《국사》와《세계사》교과서에서 6·25전쟁 표현이 달랐던 것은 단지 통일이 되지 않았기 때문이다. 즉 '6·25전쟁'과 '한국전쟁'의 용어 차이는 6·25전쟁의 북한 책임을 희석시키려는 의도와는 상관이 없으며, 1979년 고등학교《세계사》교과서와 중학교《사회》교과서의 차이는 편수 용어를 제대로 검토하지 못해서 나온 해프닝이라고 할 수 있다.

1980년대 이후 국정《국사》교과서의 변화
—

전두환 정부가 들어서고 1982년에 새로운《국사》교과서가 발행되었지만, 그 내용은 이전과 별 차이가 없었다. 정권의 정당성을 옹호하고 정부의 정책을 홍보하는 일도 여전했다. 제5공화국에 대한 서술의 일부만을 살펴보기로 하자.

제5공화국은 성실과 신뢰를 바탕으로 하는 정의 사회 구현과 민주복지 사회 건설을 목표로 하여 새로운 역사의 창조에 나서게 되었다.

(국사편찬위원회 1종도서연구개발위원회, 중학교 《국사(하)》, 1982, 184쪽)

제5공화국은 정의로운 사회의 구현과 민주복지 국가로의 발전을 지향하고, 민족의 분단을 종식시키며, 조국의 평화적인 통일을 이룩할 수 있도록 계속 노력하고 있다. (······) 더욱이 제5공화국은 정의 사회를 구현하기 위해 모든 비능률, 모순, 비리를 척결하는 동시에 국민의 진정한 행복을 위해 민주복지 국가 건설을 지향하고 있는 만큼 우리나라의 장래는 밝게 빛날 것이다.

(국사편찬위원회 1종도서연구개발위원회, 고등학교 《국사(하)》, 1982, 176쪽, 178쪽)

세계사 교과서도 이 점에서는 차이가 없었다. 위에서 언급한 중학교 《사회 2》를 이어받아 이때 세계사는 《사회 2》와 《사회 3》에 나누어 서술되었다. 그런데 세계사인데도 전두환 정부를 정당화하는 내용이 여전히 나온다. 한술 더 떠

서 박정희 정부가 장기 집권으로 무너졌다고 비판하면서,
제5공화국을 홍보하고 있다.

> 그러나, 공화당의 장기 집권은 1979년의 10·26 사태에 의해 무
> 너지고, 이어 제5공화국이 세워져서, 민주복지 국가와 사회 정의
> 를 이룩하기 위한 꾸준한 노력을 기울이고 있다.
>
> (한국교육개발원, 《사회 3》, 문교부, 1982, 155쪽)

　1980년대 중반 이후 사회 민주화 움직임이 거세게 일어
나면서 국정《국사》교과서를 비판하는 목소리가 높아졌
다. 국정《국사》교과서는 독재정치의 산물로 인식되었다.
교과서에 대한 비판은 곧 교육 민주화의 일환이었다. 정권
장악의 정당성이나 정책의 홍보는 앞에서 살펴보았고, 지
나친 반공 이데올로기에 입각했다거나 지배층 위주의 서
술이라는 비판은 이미 많이 나왔으므로 여기에서는 구태
여 반복하거나 전거를 제시해서 구체적으로 분석하지 않
기로 한다. 다만 한 가지 지적해둘 점은 국정《국사》교과
서를 집필하는 사람들도 이런 비판들을 의식했다는 것이
다. 그래서 1990년에 나온 국정《국사》교과서부터 부분적

이기는 하지만 일부 비판이 수용되기도 했다.

개인적으로 다행스러운 현상이라고 생각하는 것은, 이를 계기로 비록 《국사》교과서에 한정되지만 역사교육에 대한 역사학계의 관심이 크게 높아졌다는 점이다. 사실 1970년대나 1980년대 역사학자들은 중등 역사교육에 큰 관심을 쏟지 않았다. 1960년대까지 역사학자들이 중·고등학교 역사 교과서 집필에 적극적으로 참여했던 것과 대조적이다. 여기에는 역사교육은 실용적인 것이므로 학문을 하는 사람은 그런 것에 관심을 가지지 말아야 한다는 학계의 분위기가 작용했다. 정치권력과 현실 사회의 눈치를 보아야 한다는 것도 학교 역사교육을 멀리 하게 된 원인이었을 것이다. 《국사》교과서의 국정화는 결정적으로 이런 기능을 했다. 그렇지만 연구와 교육을 그렇게 구분할 필요가 있는지, 그리고 현실에서 실천되지 않으면 학문 연구가 무슨 의미가 있는지 생각해보아야 할 것이다. 특히 '역사학'과 같은 인문사회 학문에서는 더욱 그렇다.

그런데 이런 말을 하기도 조심스럽기는 하다. 1980년대 민중사학자들이 실천적 역사학을 주장했고 국정 《국사》교과서를 비판했다는 이야기가, 이때부터 좌파가 역사 교과서를 장악했다는 해석으로 둔갑하곤 하기 때문이다. 1990년에 나온 국정《국사》교과서에 민중사학자의 비판이 일부 반영되었다는 나의 글은, 교과서가 민중사학을 본격적으로 반영하기 시작했다는 전거로 사용된다. 하긴 언론이 이런 식으로 글을 옮기는 사례가 한두 번은 아니다.

1990년대 국정《국사》교과서가 비판을 받아들이기는 했지만, 어디까지나 부분적이었다. 국정《국사》교과서는 여전히 지배층 위주로 역사를 서술하고, 냉전 이데올로기에 사로잡혀 대중이나 사회주의계 민족운동의 서술은 소략했다. 박정희나 전두환 정권과 그들의 정책을 옹호하고 민주화 운동을 제대로 서술하지 않았다. 그러나 일부 보수 세력의 눈에는 이런 정도의 기술마저 매우 못마땅했을 것이다. 이들은 민중사학의 논리를 반박하는 한편,《국사》교과서가 그 논리를 받아들였다고 비판했다.

4

2015년 《한국사》 교과서 국정화 추진의 과정

1990년대에도 국정《국사》교과서가 계속해서 간행되었으며, 이에 대한 비판도 계속되었다. 한국근현대사 연구의 성과를 반영해서 근현대사 내용을 개편해야 한다는 주장도 나왔다. 그렇지만 다른 한편에서는 국사 교과서에 이런 비판이나 근현대사 연구 성과가 반영되는 것을 꺼렸다. 이러한 생각의 차이는 1994년의 '국사 교과서 준거안 파동'으로 이어졌다. 고등학교《국사》에서《한국근·현대사》과목이 분리되어 검정 교과서로 간행되면서 1970년대 이후 처음으로 한국사 내용이 검정으로 출판되었다.

《한국근·현대사》교과서는 기존의 국정《국사》교과서와는 다른 역사 인식을 보였다. 이 때문에 교과서의 역사 인식을 둘러싼 논란이 벌어졌으며, 교육부는 검정 심사에 통과한 교과서를 수정하도록 지시했다. 이런 논란은《한국사》교과서로 이어졌다. 수정 지시가 뜻대로 먹혀들어가지 않자 교육부는 마침내 역사 교과서 국정화를 선언했다.

역사교육을 둘러싼 갈등의 전조
—

학교 역사교육이건 대중 역사교육이건 간에 1980년대 후반 이래 역사 교과서에 대한 관심이 높아졌다. 그러나 이런 현상은 역사 해석이나 역사 인식을 둘러싼 생각의 차이와 맞물려 갈등으로 이어졌다. '연구실 내의 연구'에 치중했던 사람들이 보기에 민중 중심의 역사관을 담은 새로운 개설서나 대중 역사서의 관점은 위험한 것이었다. 학문적으로 사관의 문제를 둘러싼 토론이 벌어졌다. 그렇지만 역사교육의 문제를 둘러싼 논란이 본격화한 것은 1994년의 '국사 교과서 준거안 파동'이다.

　제6차 교육과정에 따른 국사 교과서 집필 준거안 시안에서는, 기존의 정치 권력과 지나친 반공 이데올로기에서 벗어나서 1980년대 후반과 1990년대 근현대사 연구의 성과를 받아들여《국사》교과서에 반영하자는 제안을 했다. 이런 제안은 보수 세력의 호된 비판을 받아서 사실상 없던 일이 되었지만 앞으로 벌어질 논란의 신호탄이었다.

1996년과 2002년에 새로운 국정《국사》교과서가 편찬 되었지만 교과서를 둘러싼 논란은 별로 없었다. 교과서 내용을 면밀히 검토해보면 차이가 나는 부분이 있겠지만, 기본적으로 국정이라는 교과서 발행체제가 그대로 유지되었던 데다가 교과서 집필자들이 조심했던 측면도 있다. 그리고 1994년의 준거안 파동이 이러한 조심스러움을 오히려 부채질했을 것이다.

《한국근·현대사》 파동에서 《한국사》 논쟁으로
—

'《한국근·현대사》교과서 파동'이라는 말을 듣거나 쓸 때마다 드는 생각이 있다. 《한국근·현대사》교과서 비판 파동'이 맞는 표현이 아닐까 하는 생각이다. 이 문제는 '한국근·현대사' 교과서 때문에 일어난 것이 아니라 이를 비판하는 사람이나 주장이 일으킨 문제이기 때문이다. 언어가 사회에 존재하는 물질이나 현상의 의미를 전달하는 것이 아니라 오히려 의미를 만들어낸다는 관점에서 보면 이 말의 차이는 중요하다. 그렇지만 언어가 의사소통의 도구라고 생각하는 일반인의 관점에서 그냥 넘어가도록 하자. 어차피 이를 따지는 것은 이 책의 중요한 과제는 아니다.

역사 교과서의 성격은 검정 교과서가 발행되면서 비로소 달라졌다. 필수 과목인《국사》교과서는 여전히 국정이었지만, 2003년부터 고등학교 선택 과목으로《한국근·현대사》교과서가 검정으로 발행되었다.《한국근·현대사》교과서가 다루는 시대 범위는 이전의《국사》보다 짧지만 분량이 많았다. 시수가 8단위로 1년을 기준으로 하면 주당 4시간에 해당하는 분량이었다. 근현대사 내용은 이전《국사》교과서보다 훨씬 자세해졌다. 더구나 국가가 아닌 민간 출판사에서 여러 학자와 교사들이 참여해 펴낸 교과서의 관점과 역사 인식에서 이전의 국정《국사》교과서와는 차이가 있었다. 1980년대 후반부터 활발하게 전개된 근현대사 연구의 성과도 교과서에 일부 반영되었다.

그러자 뉴라이트를 비롯한 일부 세력, 보수 언론, 한나라당(지금의 새누리당) 등에서《한국근·현대사》교과서가 좌편향되었다고 공격했다. 이 비판은 때로는 채택률이 가장 높았던 금성출판사 교과서에 집중되었고, 때로는《한국근·

현대사》교과서 전체를 겨냥했다. 더 나아가 중학교《사회》
나 고등학교《경제》교과서로 폭을 확대하기도 했다. 이런
논란은 그대로 2011년과 2014년에 나온 중학교《역사》와
고등학교《한국사》교과서로 이어졌다.《한국근·현대사》
교과서를 둘러싼 쟁점은《한국사》교과서를 둘러싼 논란과
겹치므로 뒤로 넘기기로 하자.

　교과서가 검정 절차를 거쳤기 때문에 별문제가 없다던
교육부는 이명박 정부가 들어서자 이런 비판에 가세했다.
그러나 교과서의 검정화는 시대의 흐름이었다.

　2007년에 고시된 개정 교육과정에 따라 2011년부터
는 그동안 국정으로 남아 있던 고등학교《국어》,《한국사》,
《도덕》교과서가 모두 검정으로 바뀌었다.《한국근·현대
사》때보다 더 많은 출판사들이 검정《한국사》교과서를
간행하는 작업에 뛰어들었으며, 더 많은 집필자들이 참여
했다. 2011년과 2014년에 나온《한국사》교과서는 여전
히 근현대사의 비중이 높았으므로, 집필자 중에는 근현대
사 전공자가 많았다. 교사들의 참여도 크게 늘어났다. 이
들은《한국근·현대사》교과서를 둘러싼 쟁점들을 검토했
을 것이다. 그리고 그런 검토의 결과를《한국사》교과서에

담았을 것이다. 검정에 통과된《한국사》교과서를 꼼꼼히 검토해보지는 않았지만, 일부는 그런 비판을 의식한 기색이 보인다.

그렇지만 보수 세력이 보기에《한국사》교과서의 내용은 영 못마땅했다.《한국근·현대사》교과서에 가했던 판박이 비판이《한국사》교과서에도 반복되었다. 이명박 정부에 이어 박근혜 정부도 이들의 비판을 받아들여 출판사에 수정을 지시하고 압력을 가했다. 여기에 굴복한 출판사는 교과서 내용을 지시대로 고쳤지만, 저자들이 수정 지시를 취소하라는 소송을 내며 강하게 반발하는 등 사회적 논란이 그치지 않았다. 이런 과정에서 만족할 만큼 검정 역사 교과서 내용을 고치지 못하고 수정의 어려움을 느낀 정부는 아예 교과서 발행을 국정화하는 방향으로 정책을 바꾸었다.

교학사 교과서 논란을 바라보는 생각

—

박근혜 정부가《한국사》교과서를 국정화하게 된 계기와 관련하여 빠짐없이 등장하는 것이 교학사《한국사》교과서 문제다. 교학사 교과서는 기존《한국사》교과서를 비판하던 사람들이 자신들의 사관을 담아서 집필한 것이다. 그렇지만 교학사 교과서는 학계와 사회의 많은 비판을 받았으며, 학교 현장에서 거의 채택되지 못했다. 한편에서는 이 때문에 박근혜 정부가 역사 교과서를 아예 국정화하기로 결심하게 되었다고 본다. 이런 추론의 과정을 다음과 같이 정리할 수 있을 것이다.

《한국근·현대사》 교과서를 집중적으로 비판했던 사람들은 2011년에 나온 중학교《역사》나 고등학교《한국사》 교과서를 보며 여전히 '좌편향'되었다고 생각했다. 그래서 비판을 하는 것만으로는 문제가 해결되지 않는다고 판단하고, 자신들의 관점을 담은 역사 교과서를 직접 만들기로 결정했다. 그렇게 해서 만든 것이 교학사의 고등학교《한국사》 교과서다. 그런데 교학사 교과서는 진보 진영과 역사학계, 교사들로부터 거센 비판을 받았다. 그 결과 극소수 학교에서만 채택되었다. 그나마 채택을 하겠다고 발표한 몇 개 학교까지 집중적인 비판으로 취소를 했다. 박근혜 정부는 이런 결과가 교과서 집필은 물론 채택권까지 '좌파'들이 장악하고 있기 때문이라고 보았다. 그래서 교과서 내용을 바꾸거나 다른 관점을 담은 교과서가 나와도 소용이 없다고 판단했다. 결국 역사 교과서를 아예 국가가 하나로 만드는 것만이 해결책이라는 결론에 도달했다.

교학사 교과서에 대해 이런저런 비판이 쏟아졌다. 식민지 근대화론, 친일, 이승만 미화, 거기에다가 숱한 오류까지. 내가 보기에 교학사 교과서는 엉성하다. 관점을 떠나서 교과서를 집필하기 위한 착실한 준비보다는 자신들의 '문제의식'을 앞세웠다. 좌파가 학계와 학교를 장악했기 때문이 아니라, 준비 부족으로 교학사 교과서는 비판을 방어하는 데 성공하지 못했다. 그런데 이 책을 읽는 독자들에게는 의아하게 들릴지 모르고 또 이런 이야기를 쓰기는 조심스럽지만, 나는 교학사 교과서 비판의 논리가 반드시 적절한 것만은 아니라고 생각한다.

먼저 국사편찬위원회가 부실 검정을 했다는 지적이다. 2013년, 2014년 검정에서 검정 신청을 한 모든 중학교 《역사》 교과서가 심사를 통과했다. 2014년 고등학교 《한국사》 교과서는 검정 신청을 한 9종 중 1종만이 탈락하고 나머지 8종은 심사에 통과했다. 이런 결과는 아마도 검정 심사를 담당했던 사람들이 원칙적으로 모든 교과서를 통과시키기로 원칙을 정했기 때문일 것이다. 심사에서 탈락한 고등학교 《한국사》 교과서 1종은 대표 저자와 발행자가 동일 인물로 등록된 책으로, 일반적인 역사 교과서와는 다른 듯하다. 그 출판사가 제출한 심사본의 내용이 궁금하기는 하지만, 지금으로서는 확인할 길이 없다. 어쩌면 역사교육사를 연구하는 하나의 자료가 될지도 모르겠다. 그런 차원이라면 적어도 연구자들에게 국사편찬위원회에서 자료로 제공해야 하지 않을까 하는 생각도 한다.

나는 개인적으로 검정 심사의 이런 방향에 긍정적이다. 검정 심사는 어떤 책을 탈락시키거나 특정 책만을 통과시켜서는 안 된다는 입장이다. 교과서는 어차피 학교에서 채택하여 사용해야 교과서로서 효력을 발휘하기 때문이다. 교과서로서 가치가 없다면 학교 현장에서 자취를 감추게 하면 된다. 이는 교사들이 전문가의 도움을 받아서 판단하면 된다. 마찬가지로 교육부나 교육청이 나서서 행정적으로 어떤 교과서를 채택해야 한다거나 말아야 한다고 하는 것도 부정적이다. 그것은 교사들이 판단할 문제이지 행정청에서 강요할 문제는 아니다.

그렇다고 이런 생각이 검정 신청을 했거나 검정에 통과

한 교과서라고 해서 그대로 방치해야 한다는 의미는 아니다. 교과서에 대한 비판을 열어두면 된다. 그 비판은 학계와 교육계의 몫이다. 학계와 교육계가 충분한 검토, 분석을 하고, 문제점이 무엇인지 지적하고 비판하면, 교사들이 이를 참고해서 결정하면 된다. 중·고등학교 교사는 교과서를 사용해서 가르치는 당사자이며, 어느 누구보다 이런 판단을 하는 데 전문가이기 때문이다.

역사 교과서 국정화 강행

—

결국 박근혜 정부는 역사 교과서의 국정화를 강행했다. 나는 2015년 10월 초까지도 현 정부가 실제로 역사 교과서를 국정화하지는 않을 것이라고 판단했다. 가끔 상대방이라면 어떨까 하고 생각해보게 되는데, 내가 정부라면 무리를 하면서까지 교과서를 국정으로 바꿀 필요는 없을 것이라고 생각했기 때문이다. 그러다가 발표 일주일 전부터 몇몇 언론에서 정부가 국정화 방침을 확정했다는데 어떻게 생각하느냐는 질문을 받고서야 아차 싶었다.

2014년 초까지 교육부는《한국사》교과서를 국정화할

방침을 세우지는 않은 것 같다. 교육부는 독립적인 편수 기구를 설치해서 편수 업무를 강화했다. 야당이나 사회 일부에서는 편수 업무의 강화가 《한국사》 교과서를 통제하기 위한 것이라고 반발했다. 언론들도 이렇게 되면 《한국사》 교과서는 '무늬만 검정인 교과서'가 될 것이라고 비판했다. 이런 비판에 직면한 교육부는 이 조치가 교과서 편수 업무를 보완하기 위한 것일 뿐 국정과는 상관이 없다고 해명했다. 그렇지만 결과적으로 보면, 국정화를 추진해야 하는데 들킬까 우려했던 것이다.

그러다가 2015년 봄에 접어들면서 분위기가 달라졌다. 정부 일부에서 《한국사》 교과서 국정화 의사를 공개적으로 내비치면서 논란이 사회적으로 확대된 것이다. 자연히 국정화는 사회의 뜨거운 쟁점이 되었다. 2014년 6월 4일에 실시된 지방선거 과정에서 조희연 서울시교육감 후보는 국정 역사 교과서에 반대하면서, 만약 국정 역사 교과서가 만들어지면 대안 교과서를 내놓겠다고 선언했다. 이에 반해 당시 교육부 장관으로 내정된 황우여 의원은 거듭해서 《한국사》 교과서를 국정화해야 한다고 주장했다. 그렇지만 교육부는 2015년 여름까지도 《한국사》 교과서 국정화에 적극적으로 나서는 양상이 아니었다. 과연 역사 교과서를 국정화하는 데 총대를 매겠다는 의지를 가지고 있는지 불명확했다.

2015년 10월 12일에 교육부는 중학교 《역사》와 고등학교 《한국사》 교과서를 2017년 3월부터 국정으로 발행하겠다고 행정예고를 했다. 행정예고이므로 최종 확정은 20일 이후에 된다고 하지만 실질적인 결정이었다. 형식적인 의견 수렴 절차를 거쳐 정부는 행정예고 기간이 끝난 다음 날인 11월 3일에 정식으로 역사 교과서를 국정화하겠다고 발표했다. 이날 황교안 국무총리는 특별담화를 발표했다. 어떤 과목을 국정으로 할지 검정으로 할지는 교육부 장관의 권한인데, 국무총리가 특별담화를 발표했다는 것은 국정화가 정부 차원에서 결정되었음을 말해준다. 총리의 담화를 읽은 나는 섬뜩함을 느꼈다.

첫째는 총리가 공개적으로 특정 사람들의 성향을 말했다는 것이다. 담화문에서는 '2011년에 출판된 《한국사》 교과서를 집필한 37명 중 28명이 2014년에도 교과서 집필에 참여했을 만큼, 특정 집필진들이 《한국사》 교과서를 주도하고 있는 구조'이며 '그들이 다시 집필에 참여한다면 편향성의 문제는 계속 반복될 수밖에 없다'고 강조했다. 총리가 특정 사람들의 성향을 공개적으로 이야기해도 되는 것일까? 그리고 집필하는 사람들의 권리를 제약해야 한다는 식의 발언을 해도 되는 것일까? 어차피 교과서 집필자는 자격이 제한되어 있다. 그 자격을 갖춘 사람들에게는 누구에게나 열려 있다. 그런데도 총리가 일부 집필자들을 이런 식으로 말해도 되는 것일까?

다음으로 총리는 교과서 집필자들이 수정 명령에 대해 행정소송을 한 것을 문제 삼았다. 총리의 말을 옮겨보자.

교육부는 8종의 교과서를 대상으로 사실 왜곡, 편향적 서술 내용 등 829건을 수정하도록 권고했지만, 그중 41건은 끝까지 수정하지 않아 결국 수정 명령까지 했습니다.

그런데 6종 교과서의 집필진들은 수정 명령을 받은 것 중 33건에 대해선 여전히 자신들의 주장이 옳다고 수정을 거부하며, 법정으로 끌고 갔습니다.

집필진들이 끝까지 수용하지 못하겠다며 소송까지 제기한 부분은 김일성 주체사상을 비판 없이 서술하여 주체사상의 실체를 사실과 다르게 오해할 소지가 있는 내용, 6·25전쟁을 남북한 공동 책임으로 인식할 수 있게 하는 인용 사례 등입니다.

과연 국무총리의 주장대로《한국사》교과서들이 주체사상을 비판 없이 서술했는지, 6·25전쟁을 남북한 공동 책임으로 인식하도록 서술했는지는 다음 장에서 검토해보기로 하자.

그런데 행정 조치가 부당하다고 생각되면 행정소송을 할 수 있는 것은 헌법에 보장된 국민의 기본권이다. 그것이 부당한지 아닌지 최종적인 판단을 하는 것은 법원의 몫이지만, 부당하다고 생각해서 소송을 하는 것은 국민의 권한이다. 그리고 지방법원, 고등법원, 대법원까지 가는 3심제가 기본이다. 그런데 행정 소송 제기를 커다란 문제가 있는 것처럼 이야기하고 있다. 국무총리의 말과 같이 1심과 2심 재판부는 교육부의 수정 지시가 위법하지 않다는 판결을 내렸다. 그렇다고 하더라도 대법원에 상고를 하는 것은 국민의 기본권이다. 그런데 대한민국에서 대통령 다음의 서열에 있는 국무총리가 공개적으로 그런 기본권 행사를 비판하는 것이 과연 민주주의 사회일까? 문득 얼마 전에 교육부의 학교정책실장이 똑같은 비판을 한 것이 떠올랐다. 교육부의 비판은 《한국사》 교과서 국정화 논리를 제시하기 위한 준비 작업이었다고 하겠다.

교육부의 트집 잡기는 여기에 그치지 않는다. 유관순 논란이 대표적이다. 국정화 발표 이후 교육부는 국정화를 해야 하는 이유를 홍보 영상으로 제작하여 보급했다. 그중 하나가 검정 《한국사》 교과서에 유관순이 서술되어 있지 않다는 것이었다. 영상은 '2014년까지 일부 교과서에는 유관순이 없었습니다'라는 자막과 함께 '유관순은 2014년까지 8종의 교과서 중 2종은 기술이 안 되었고, 2종은 사진 없이 이름 등만 언급되었습니다'라고 말한다. 이후 이 주장은 검정 교과서를 공격하는 주된 수단이 되었다.

국정화를 지지하는 언론들은 기사 제목을 '유관순은 친일파 조작'(연합뉴스, 2015년 10월 28일)이라는 식으로 뽑음으로써 마치 《한국사》 교과서들이 유관순이 친일파이기 때문에 쓰지 않은 것처럼 서술했다. 검정 《한국사》 교과서들이 유관순은 싣지 않고 좌익 인물들은 싣는다고 대비시키기도 한다. 한 언론의 사설을 일부 보도록 하자.

대부분의 교과서는 항일운동의 상징인 유관순 열사를 제외시켰다. 그러면서 월북 뒤 북한 노동상과 최고인민회의 상임위원회 부위원장을 지낸 김원봉의 항일투쟁 기록은 모두 실었다.

(《중앙일보》, 2015년 10월 15일)

교육부의 발표대로 하더라도, 8종 중 6종에 유관순이 실려 있으므로 이 보도는 명백한 왜곡이다. 이를 '대부분'이라고 우긴다면 더 이상 할 말이 없지만, 설마 '대부분'이라는 말을 그렇게까지 사용하지는 않을 것이다. 그러나 정작 심각한 것은 검정 《역사》 교과서를 비판하는 교육부의 태도다. 이 문제는 2014년에도 나온 적이 있었다. 그리고 이미 언론을 비롯한 여러 경로에서 유관순은 검정 《한국사》 교과서뿐 아니라 국정 《국사》 교과서에도 실리지 않은 경우가 있었음을 지적했다. 국정과 검정의 문제가 아니라는 뜻이다. 교육부도 알고 있었을 것이다. 2014년에 한 심포지엄에서 나는 이에 대한 설명을 했다. 그 자리에는 개인 자격이라고는 하지만 교육부의 역사 편수 담당자도 있었다.

그런데도 교육부는 아랑곳하지 않고 이런 비판을 계속하고 있다. 다시 한 번 확인 삼아 1970년대부터 지금까지 나온 모든 국정 《국사》 교과서의 유관순 서술을 확인해보도록 하자. 교육부 홍보 영상에 본문뿐 아니라 사진까지 이야기하고 있으므로, 본문과 사진을 함께 검토해보겠다. 아래에서 검토한 것은 1970년대 이후에 나온 중·고등학교의 모든 국정《국사》교과서다.

〈표 2〉에서 보듯이 유관순이 국정 교과서에 모두 실렸던 것은 아니다. 그래도 표를 만들어놓고 보니까 걱정이 앞선다. 국정《국사》교과서는 대부분 유관순을 서술하고 있다는 주장에 이 표가 이용되지 않을까? 그런데 ○× 구분은 '유관순'이라는 이름이 나오는지의 여부만을 가려놓은 것이다. 1974년부터 1997년까지 간행된 국정《국사》교과서 중 유관순의 활동을 설명한 책은 한 권도 없다. 단지 일제의 가혹한 탄압을 말하면서 '유관순의 순국'이라는 단어가 한 번 나올 뿐이다. 그나마 고등학교 교과서에는 본문이 아닌 각주에만 나온다. 예를 들어 다음과 같은 식이다.

> 민족 자주의 정권과 인류 평등의 대의를 선포한 평화적 독립 선포는, 제암리 사건과 유관순의 순국에서 보듯, 잔악한 일본의 무자비한 탄압으로 결국은 독립의 열매를 맺지 못하고 말았다.
>
> (실업계 고등학교 《국사》, 문교부, 1971, 199쪽)

| 표 2 | 국정 《국사》 교과서 유관순 수록 여부

교과서명	사용 대상	발행 연도	유관순 수록 여부		비고
			본문	사진	
《국사》	실업계 고등학교	1971	○	×	
《국사》	중학교	1974	○	×	
《국사》	인문계 고등학교	1974	×	×	
《국사》	중학교	1979	○	×	
《국사》	고등학교	1979	×	×	
《국사(하)》	중학교	1982	○	×	
《국사(하)》	고등학교	1982	○	×	각주
《국사(하)》	중학교	1990	○	×	
《국사(하)》	고등학교	1990	○	×	각주
《국사(하)》	중학교	1997	○	×	
《국사(하)》	고등학교	1996	○	×	각주
《국사》	중학교	2002	○	○	
《국사》	고등학교	2002	×	×	
《국사》	고등학교	2006	×	×	2002년 개정판

일본군에 의해 수많은 동포가 무참히 학살당한 수원 제암리 사건, 어린 여학생 유관순의 순국 등을 비롯하여 사상자가 2만 여 명이 넘었으며, 감옥에 갇힌 사람이 5만이나 되었다.

(중학교 《국사》, 문교부, 1974, 228쪽)

또, 시위에 참가한 이유로 무수한 사람들이 투옥당하고, 일본 경찰로부터 비인도적인 악형을 당하여 수많은 사람이 목숨을 잃었다. 유관순의 순국 사실은 이를 잘 말해주고 있다.

(국사편찬위원회 1종도서연구개발위원회, 《국사》(하), 문교부, 1982, 132쪽, 각주)

1974년 중학교 《국사》의 경우 '3·1운동과 임시정부의 수립'이라는 중단원 속에 3·1운동과는 별도로 '항일운동에 앞장선 학생들'이라는 소단원을 두어 학생들의 독립운동을 설명하고 있다. 여기에서도 3·1운동 때 학생들의 활동을 소개하고 있지만 유관순의 이름은 나오지 않는다. 위의 인용문에 나오는 '유관순의 순국'이 전부다. 2002년판 중학교 《국사》 교과서를 제외하고는 어느 국정 교과서에도 유관순의 활동은 서술되어 있지 않다.

글을 쓰면서 이런 생각이 든다. 과연 왜 이 작업을 해야 할까? 문제는 국정 《국사》 교과서도 유관순을 싣지 않았다는 것이 아니라, '왜 역사 교과서가 반드시 유관순을 실어야 할까?'이다. 유관순을 모르는 교과서 저자는 없을 것이다. 또한 유관순이 친일파라고 생각하는 교과서 저자도 없을 것이다. 그렇지만 유관순을 싣고 안 싣고가 과연 국가 차원에서 논란을 벌일 문제일까? 교육적이고 학술적으로 교과서를 비판할 수는 있다. 그런데 이를 정치 문제로 연결시켜야 하는가? 더구나 그런 문제를 일으키는 주체가 교육을 담당하는 국가 행정부서인 교육부다.

《한국사》 교과서를 향한 이런 식의 비판이나 문제 제기는 유관순뿐 아니다. 합리성을 결여한 일부 보수학자들뿐 아니라 교육부도 서슴지 않는다. 그래서 다음 장에서는 국정화 주장의 논거로 이용되고 있는 검정 역사 교과서 공격 논리를 검토해볼 것이다. 물론 그중에는 학설이나 해석의 문제도 있다. 그러나 상당수는 자신의 주장을 합리화하기 위해 충분히 확인할 수 있는 내용을 슬쩍 빼거나 극히 자의적인 생각을 이야기하는 것이다. 이른바 '팩트(fact)'의 문제다.

3장

국정화 논리의
오류는 무엇인가

1

사실을 감춘 검정 역사 교과서
'좌편향' 논리

역사 교과서 국정화를 주장하는 사람들은 한결같이《한국사》교과서가 좌편향되었다는 비판으로 자신의 행위를 정당화한다. 교육부 장관도, 국무총리도 국정화가 불가피하다는 이유를《한국사》교과서의 좌편향에서 찾는다. 그나마 8종 중 1종뿐인 좌편향되지 않은 교과서는 학교에서 전혀 선택되지 않았다고 한탄한다. 그 이유는 교과서의 집필부터 선택까지 모두 좌파가 장악했기 때문이라고 한다. 나아가 한국근현대사 전공자의 대부분이 좌편향되었다고 주장을 확대한다.

과연 이 말처럼 한국근현대사 연구자부터 교과서 집필자, 교사들까지 모두 '좌편향'된 것일까? 교과서 좌편향의 근거로 내세우는 논리는 어느 정도 설득력이 있는 것일까?

공식 발표 등을 통해 자주 내세우는 '좌편향'의 논거들을 검토해보자.

국정화의 대상이 되는 중학교 《역사》 교과서는 현재 9종, 고등학교 《한국사》 교과서는 8종이다. 중·고등학교의 모든 교과서 내용을 소개하기는 어려우므로, 더 많이 언급되는 고등학교 《한국사》 교과서를 대상으로 한다. 또한 유관순의 사례에서 보듯이 일부 내용이 사회적 논란의 과정에서 수정되었으므로, 원래 《한국사》 교과서 내용이 어떠했는지 확인하기 위해 2014년판을 살피기로 한다.

《한국사》 교과서가 주체사상을 비판 없이 서술하고 있는가
—

《한국사》 교과서의 현대사 서술은 남한의 변화를 다룬다. 대한민국의 성립 이후는 말할 것도 없고, 광복부터 정부 수립까지 3년간의 변화를 남한을 중심으로 서술하고 있다. 북한의 역사 교과서가 아닌 우리의 역사 교과서라는 점에서 자연스럽다. 역사 교과서의 성격을 논의하는 데 북한에 관한 서술이 가장 중요한 문제는 아니다. 그렇지만 북한을 끌어들이는 것이 가장 자극적이다. 그러기에 정부나 국정화를 찬성하는 사람들이 가장 즐겨 사용하는 검정 《역사》 교과서 비판은 북한과 관련된 사실이다. 한국 사회에서 북한을 추종하거나 긍정적으로 평가한다는 비판은 사실 여부와 관련 없이 상대를 공격하는 효과적인 무기다. 이데올로기의 시대가 끝났다고 하면서도, 이런 식의 공격은 역사 교과서 논란에서 현재 진행형이다. 이중 대표적인 것이 주체사상의 문제다.

교육부가 《한국사》 교과서 국정화를 행정예고한 다음 날인 10월 13일에 새누리당은 전국에 '김일성 주체사상을 우리 아이들이 배우고 있습니다'라는 문구가 적힌 플래카드를 내걸었다가 하루 만에 철거했다. 한 나라의 집권 여당이 한 행위치고는 웃어넘기기 힘든 해프닝이다. 전국에 걸린 플래카드가 몇 개나 되는지는 모르겠지만 예산이 아깝기도 하다.

언론의 추측에 따르면, 플래카드를 하루 만에 철거할 수밖에 없었던 이유는 9월 23일에 발표한 교육과정에서 주체사상을 가르치게 되어 있기 때문이라고 한다. 고등학교 《한국사》 교육과정 중 현대사 부분에서 '북한의 변화와 남북 간의 평화 통일 노력'이라는 소주제의 학습 요소로 '주체사상과 세습체제', '천리마운동'이 포함되어 있다. 교육과정의 학습 요소에 포함시켜놓고 교과서에 쓰여 있다고 비판한 것이다.

그렇다고 교육과정의 학습 요소에 주체사상이 들어가 있는 것 자체가 문제라고 할 수는 없다. 교육과정에 따르면 한국현대사에서 북한의 실상을 다루어야 한다. 주체사상을 모르는 채 북한의 실상을 알 수는 없을 것이기 때문이다. 그렇다면 왜《한국사》교과서의 주체사상 서술을 문제삼은 것일까?

황교안 총리는 국정화 확정고시 담화문에서, 교육부의 수정 지시에 '집필진들이 끝까지 수용하지 못하겠다며 소송까지 제기한 부분은, 김일성 주체사상을 비판 없이 서술하여 주체사상의 실체를 사실과 다르게 오해할 소지가 있는 내용'이라고 함으로써 검정《한국사》교과서들이 김일성의 주체사상을 비판 없이 서술했다고 기정사실화했다. 이는 검정《한국사》교과서가 좌편향을 넘어서 친북의 성격을 띠고 있다는 뉘앙스까지 풍긴다. 이런 식의 공격은 일부 언론이나 국정화 찬성론자들에게서 쉽게 찾아볼 수 있다.

| 표 3-1 | 검정 《한국사》의 주체사상 서술

출판사	서술 내용
미래엔	**김일성 유일 지배체제가 수립되다** 김일성은 6·25전쟁 이후 독재 권력을 구축하였다. 1960년대에는 중·소분쟁을 계기로 중국과 소련의 영향력에서 벗어나려는 독자적 자주 노선을 추구하였다. 주체사상을 바탕으로 군사력을 강화하면서 김일성 유일 지배체제를 확립하였다. 이 과정에서 거대한 동상과 기념비를 세우고 생가를 성역화하는 김일성 우상화 작업이 진행되었다. 남한에서 유신체제가 성립될 무렵, 북한에서도 사회주의 헌법이 제정되어 독재체제가 강화되었다(1972). 새 헌법에 따라 국가주석제가 신설되고, 주체사상이 통치 이념으로 공식화되었다. | 날개단 | 주체사상 이른바 사상의 주체, 경제의 자립, 군사의 자위 등을 내세운 북한의 독자적 정치 이론이다. 김일성 유일 지배체제 구축 및 개인 숭배와 반대파 숙청에 이용되었다.
비상교육	**김일성 독재체제 확립** 1950년대부터 중국과 소련 간에 이념과 국경 문제를 둘러싼 분쟁이 일어나 양국의 관계가 악화되었다. 북한은 중국과 소련 사이에서 중립을 유지하며 독자적 노선을 모색하였고, 이러한 과정에서 주체사상을 수립하였다. 주체사상은 김일성 독재체제의 사상적 밑받침이 되었다. 1960년대 후반 주체사상은 유일 사상으로 체계화되어 북한의 통치 이념으로 자리 잡았고, 김일성에 대한 개인 숭배가 강화되어 김일성 1인 지배체제가 구축되었다. 1972년 북한에서 이른바 '사회주의 헌법'이 제정되면서 독재체제가 강화되었다. 이 헌법에서는 주체사상을 국가의 통치 이념으로 명문화하였고, 국가주석제를 도입하고 주석에게 권력이 집중되도록 하였다. 이 헌법에 따라 개최된 최고인민회의에서 주석직에 취임한 김일성은 모든 권력을 장악하는 절대적인 지위를 가지게 되었다.

| 날개단 | **주체사상**

사상에서의 주체, 경제에서의 자립, 정치에서의 자주, 국방에서의 자위를 표방하며 이론적으로 체계화되었다.

김일성 1인 체제의 형성

(……) 김일성은 북한의 정치 권력을 독점하는 과정에서 '주체'를 강조하는 한편, 중국, 소련과의 사이에서 독자 노선을 걷기 시작하였다.

| 자료 읽기 | **'주체'의 강조와 김일성 우상화**

조선 혁명이야말로 우리 당 사상 사업의 주체입니다. (……) 조선 혁명을 하기 위해서는 조선 역사를 알아야 하며, 조선의 지리를 알아야 하며, 조선 인민의 풍속을 알아야 합니다. (……) 어떤 사람들은 소련식이 좋으니, 중국식이 좋으니 하지만 이제는 우리식을 만들 때가 되지 않았습니까?

| 도움글 | 1955년 김일성이 공식적인 자리에서 '주체'를 처음 언급한 글이다. 이후 권력을 독점한 김일성은 만주 지역에서 자신을 중심으로 한 항일 무장투쟁 이외에는 어떤 항일운동도 언급하지 못하도록 하였으며, 자신의 항일 무장투쟁만이 유일한 혁명 전통임을 내세우고, 이것만이 진정한 주체의 역사라고 주장하였다. 김일성은 이를 바탕으로 1967년 '주체사상'을 통치 이념으로 확립하였으며, 이는 김일성의 권력 독점과 우상화에 이용되었다.

수령 유일 체제의 수립

(……) 북한은 1967년 주체사상을 당의 이념으로 확정하고, 김일성을 수령으로 내세우는 유일 체제를 표방하였다. 이로써 주체사상이란 이름으로 김일성의 권력 독점이 절대화되기 시작하였다.

북한의 권력 세습과 경제난

소련과 동유럽이 붕괴한 후 체제 유지에 위협을 느낀 북한은 1990년대 들어 주체사상을 고수하고 북한식 사회주의의 우월성을 더욱 강조하면서 위기를 극복하고자 하였다.

천재교육

지학사	**김일성 독재체제를 구축하다** (……) 이로써 김일성은 1인 독재체제를 확립하였으며, 이를 사상적으로 뒷받침하고자 주체사상을 내세웠다. 북한은 주체사상을 강화하여 김일성을 신적인 절대 권력자로 만들었다. 주체사상은 북한의 정치·경제·사회·문화와 주민들의 생활 영역 전반에 영향을 미쳤다. 북한은 '사상에서의 주체', '경제에서의 자립', '정치에서의 자주', '국방에서의 자위', '외교에서의 자주'를 표방하면서 주체사상의 이론적 체계화를 시도하였다. (……) **3대 세습체제를 형성하다** 북한은 1972년 7·4남북공동성명 발표 후 김일성의 독재 권력을 공식화하는 개헌을 단행하였다. 김일성은 신설된 국가주석의 지위에 추대되었으며, 주체사상은 대외적으로 북한의 공식 통치 이념이 되었다. 주체사상은 김일성의 공식 후계자로 등장한 김정일을 우상화하는 데도 이용되었다. 김정일은 1970년대부터 권력 기반을 굳혔고, 주체사상으로 김일성·김정일 부자에 대한 지속적 충성심을 강조하였다.
두산동아	**김정일, 독재체제를 구축해가다** (……) 1972년 12월에 새로 제정한 사회주의 헌법에서 주체사상과 3대 혁명을 명문화하고 국가주석제를 도입하였다. 이 사회주의 헌법으로 수령 중심의 강력한 통치 체제를 확립하였다. 1974년에는 '온 사회의 주체사상화'를 제시하고 북한을 정치적 자주성, 경제적 자주성을 갖춘 나라로 만드는 것이 인민군과 근로 대중의 의무라고 선전하였다. 주체사상은 북한 정권의 정통성을 합리화하는 동시에 김일성 개인숭배를 조장하였다. 또한, 반대파를 숙청하는 구실로 이용되기도 했다.
	김일성 유일 지배체제의 성립 이와 같이 김일성 유일 지배체제가 확립되고 자주 노선이 추진되는 과정에서 주체사상이 등장하였다. 주체사상은 김일성의 항일유격대 활동을 혁명 전통으로 삼은 김일성 중심의 유일사상 체계였으며 결국 김

일성 개인 숭배로 이어졌다.

1972년 제정된 사회주의 헌법은 북한을 자주적인 사회주의 국가로 천명하고 주체사상을 '마르크스·레닌주의를 우리나라 현실에 창조적으로 적용한 사상'이라고 규정하여 북한의 사회 이념으로 공식화하였다.

| 자료 읽기 | 주체사상의 성립과 그 역할

1950년대 중반까지 북한의 통치 이념은 마르크스·레닌주의였으나, 이후 주체사상이 조선노동당의 지도 이념이 되었다. 주체사상은 김일성이 창시하고 김정일이 이론적으로 발전시켰다는 혁명 사상으로, 북한의 통치 이념이며 모든 정책 결정과 활동의 기초이다. 북한 학계에서는 주체사상을 '사람 중심의 세계관이고 인민 대중의 자주성을 실현하기 위한 혁명 사상'이라고 주장하고 있다. 이러한 주체사상은 '사상에서의 주체', '경제에서의 자립', '국방에서의 자위', '외교에서의 자주'를 제창하면서 이론적으로 체계화되었다.

그러나 주체사상은 '김일성주의'로 천명되면서 반대파를 숙청하는 구실 및 북한 주민을 통제하고 동원하는 수단으로 이용되었다. 특히 1997년에는 김일성이 태어난 1912년을 원년으로 하여 연도를 표기하는 '주체 연호'를 제정하였다. 이에 따라 북한의 모든 공식 문서와 출판물 등에 서기 연도 대신 주체 ○○년이라는 표기를 사용하고 있다.

김정일 후계 체제의 등장과 3대 세습

1970년대 들어 김일성의 아들 김정일이 전면에 등장하였다. 북한은 사상·기술·문화의 3대 혁명을 본격적으로 추진하고, '전체 사회의 주체사상화'를 당면 과제로 내세웠다. 이때 김정일은 당과 정부의 여러 사업을 지도하면서 김일성의 후계자로 부상하였다. 김정일은 후계자가 되면서 주체사상의 해석권을 독점하고 이 사상의 체계화에 앞장섰다.

북한 정부가 수립되고 김일성 1인 체제가 완성되다

(……) 한편 1960년대에 중·소분쟁이 격화되는 가운데 북한은 국제적으로 고립 상태가 되었다. 이에 북한은 주체사상에 입각한 김일성 개인 숭배와 김일성 가계의 성역화 작업을 적극 추진하는 한편, 대남 무

금성출판사

리베르스쿨	력도발을 계속 일으켰다. 1960년대 후반에는 주체사상을 유일사상으로 체계화하는 작업이 추진되었는데, 이는 북한에서 고전적인 마르크스-레닌주의가 크게 수정된 것을 의미한다. (……) 이 상황에서 북한은 1972년 12월에 헌법을 개정하여 사회주의 헌법을 공포하였다. 이 헌법에 따라 국가주석직이 신설되고 주체사상이 공식적인 통치 이념이 되었다. 또한 행정·입법·사법의 모든 권력을 장악하는 주석으로 선출됨으로써 수령 유일 체제가 구축되었다. | 낱개단 | 주체사상 김일성이 창시하고 김정일이 이론화한 북한의 혁명 사상이다. 사상에서의 주체, 경제에서의 자립, 정치에서의 자주, 국방에서의 자위를 내세운 하나의 정치적 통치 이념이다.
교학사	**숙청을 통한 독재체제의 확립** (……) 중·소분쟁이 노골화되면서 대응이 쉽지 않게 된 김일성은 1962년 12월 4일부터 4대 군사노선을 내걸고 군사적인 방법으로 북한을 통치하면서 독재 권력을 강화해갔다. 이때 독재정권을 합리화하기 위해 고안한 것이 바로 주체사상이었다. 주체사상은 중·소분쟁에서 어느 정도 거리를 두면서 내부적으로는 체제 안정을 강화하려는 시도였다. **개인 숭배의 위기와 주체사상의 고안** 1970년대 들어서 주체사상은 김일성을 신격화하면서 절대 권력을 합리화하였다. 수령과 당과 인민은 '영생하는 사회·정치적 생명체'가 된 것이다. | 더 알아보기 | 사회·정치적 생명체 '사회·정치적 생명체'라는 말은 김일성의 절대 권력 확보를 위하여 주체사상을 통하여 고안한 용어이다. 사회·정치적 생명체의 구성 요소는 수령, 당, 인민이다. 이 요소들은 각각 아버지, 어머니, 자녀들로 비유된다. 유교윤리를 동원하여 당과 인민은 수령에게 절대적으로 충성을 바쳐야 하며 어느 경우든지 수령을 옹위하여야 한다고 주장한다.

> 수령은 절대로 오류를 범할 수 없다고 하는 이론도 내세운다. 개인의
> 생명은 유한하지만 사회·정치적 생명체의 생명은 영원하다는 이론도
> 내세운다. 주체사상은 인민들이 주체적으로 나서야 하는데 그 주체성
> 은 수령이 부여하는 것이며, 주체성이란 수령에게 충성하는 것을 의미
> 한다고 한다. 사회·정치적 생명체는 북한의 전체주의적 성격을 잘 드
> 러내준다.

과연 검정《한국사》교과서들은 주체사상을 비판 없이 서술하고 있을까? 논거를 명확히 하기 위해 번거롭지만 2014년판 고등학교《한국사》교과서 8종의 내용을 모두 살펴보기로 하자.

〈표 3-1〉에서 알 수 있듯이, 주체사상을 비판하지 않은 교과서는 없다. 표현의 차이가 있을 뿐, 모든 교과서는 주체사상이 김일성 유일 지배체제와 우상화에 이용되었다고 서술하고 있다. 주체사상이 김정일 세습과 반대파 숙청, 주민 통제에 이용되었다고 지적한 교과서도 있다. 황교안 총리가 99.9퍼센트 대 0.1퍼센트라고 대비시킨 그 0.1퍼센트의 교학사 교과서도 별로 다르지 않다. 오히려 주체사상 자체에 대한 직접적 설명은 교학사 교과서가 가장 자세하다고 지적받기도 한다. 여기에서는 별도로 인용하지 않겠지만, 검정《한국사》교과서 8종은 모두 북한에 관한 서술 마지막

부분에 북한이 안고 있는 문제점을 비판적으로 서술하고 있다. 즉 만성적인 식량 및 에너지 부족을 비롯한 경제난, 주민 감시와 통제, 정치범 수용소 설치 등의 인권 문제, 탈북자의 증가, 핵과 장거리 미사일 개발 등을 지적하고 있다.

《한국사》 교과서는 6·25전쟁을 남북한 공동 책임으로 돌리고 있는가

검정 역사 교과서를 향한 또 하나의 집요한 공격 소재는 6·25전쟁이다. 6·25전쟁은 한국현대사에 가장 커다란 영향을 미친 사건 중 하나이며, 그만큼 사람들에게 강한 인상을 준다. 정부가 검정 역사 교과서의 '좌편향' 근거로 내세우는 것은, 국무총리 담화에서도 나오듯이 '6·25전쟁을 남북한 공동 책임으로 인식할 수 있게 하는 인용 사례'가 있다는 주장이다. 과연 《한국사》 교과서들은 6·25전쟁을 남북한 공동 책임으로 돌리고 있는지 살펴보자.

전쟁의 시작

《한국사》 교과서들이 6·25전쟁을 남북한 공동 책임으로 돌리고 있다'라는 말을 들을 때 사람들이 가장 먼저 떠올리는 것은 남침을 명확히 서술하고 있지 않은가 하는 의문일 것이다. 이 문제는 2013년 서울신문 조사에서 '고교생 69퍼센트가 한국전쟁은 북침'이라고 대답했다는 보도 때문에 한바탕 난리를 겪은 사실에서도 잘 나타난다. 물론 대다수의 학생들은 6·25전쟁이 북한의 침공 때문에 일어났다는 사실을 알고 있었다. 다만 '남침'과 '북침'이라는 용어의 혼동이 빚어낸 결과였다. 당시 조사에서는 '한국전쟁은 북침인가, 남침인가'라고 거두절미하고 질문을 했다. 그런데 '북침'이라고 답한 학생의 거의 대부분이 '북의 침공'이라는 뜻으로 그렇게 답변을 했다는 것은 잘 알려진 사실이다.

그 뒤에도 용어의 혼란이 그치지 않자, 국방부는 '북한의 남침'을 공식 표현으로 바꾸었다. '남침'과 '북침'의 뜻을 혼동하지 않으려면 '똥침'의 방향을 생각하면 된다는 풍자까지 나왔다. 그런데도 새누리당 이인제 최고위원은 여전히 육군사관학교 입학생의 60퍼센트가 북침으로 알고 있을 정도로 역사교육의 문제점이 심각하다고 말한다. 설마 육군사관학교에 입학할 정도로 똑똑한 학생들이 '남침'과 '북침'의 뜻을 잘못 알고 있지는 않을 것이다. 그렇다고 6·25가 남한의 침공으로 일어났다고 알고 있을 것 같지도 않다. 어떻게 조사를 했기에 이런 결과가 나왔는지 궁금할 뿐이다.

그런데 이런 주장이 은근히 시사하는 것처럼 과연《한국사》교과서들은 6·25전쟁을 북침이라고 생각할 수 있는 서술을 하고 있을까? 먼저《한국사》교과서들이 6·25전쟁의 시작을 어떻게 서술하고 있는지 살펴보기로 하자.

사실 이에 대한 교과서 내용은 일일이 소개할 만한 가치가 없다. 모든《한국사》교과서들에 6·25전쟁은 북한의 남침으로 명확히 서술되어 있기 때문이다. 너무나 명백한 것이어서 구태여 옮길 필요가 없지만, 그래도 사실 확인 차원에서 보기로 하자. 혹시라도 일부 교과서들이 그렇게 서술하고 있지 않나 하는 의심을 없애기 위해 8종의 검정《한국사》교과서 전체 내용을 인용하기로 한다.

1950년 6월 25일 새벽, 북한은 전면적으로 남침을 해왔다. (……) 소련이 불참한 가운데 열린 유엔 안전보장이사회는 북한을 침략자로 규정하고, 한국을 지원하는 유엔군의 참전을 결의하였다.

(미래엔)

그러던 중 1950년 6월 25일 북한이 선전포고도 없이 전면적 남침을 강행하면서 6·25전쟁이 시작되었다. (……) 국제연합의 안전보장이사회는 북한의 남침을 침략 행위로 규정하고 남한에 대한 군사 지원을 결의하였다.

(비상교육)

1950년 6월 25일 북한군이 38도선을 넘어 기습 남침하였다. (……) 유엔은 북한의 행위를 침략으로 규정하고 유엔군 파견을 결정하였다.

(천재교육)

1950년 6월 25일, 북한의 기습 남침으로 전쟁이 시작되었다. (……) 전쟁이 일어나자 유엔은 안전보장이사회를 소집하고 북한군의 철수를 요구하였다. 북한이 이를 묵살하자 유엔은 참전을 결의하였다.

(지학사)

1950년 6월 25일 새벽 북한군은 38도선 전역에서 전면적인 공격을 시작하였다. (……) 국제연합은 북한의 불법적인 남침을 침략 행위로 규정하고 한국에 군사 지원을 결의하였다.

(두산동아)

인민군은 1950년 6월 25일 남침을 감행하였다. (……) 소련이 불참한 가운데 열린 유엔 안전보장이사회는 북한을 침략자로 규정하고 유엔군 파병을 결의하였다.

(금성출판사)

1950년 무렵부터 남북 정부는 서로의 체제를 비판하면서 38도선 부근에서 잦은 무력 충돌을 벌였다. 이 결의를 북한이 무시하자, 유엔 안전보장이사회는 미국이 제출한 북한군에 대한 무력 제재안을 통과시켰다.

(리베르스쿨)

김일성은 남침 계획이 수립되자 1950년 6월 25일 전면적으로 남한을 침공하였다. (……) 6월 25일에 바로 유엔 안전보장이사회가 소집되어 침략을 비난하는 결의안을 채택하였고, 27일에는 무력 개입을 결정하였다.

(교학사)

8종 검정 《한국사》 교과서의 전쟁 시작과 유엔의 참전 결정 부분을 옮긴 것이다. 교과서들은 모두 전쟁이 북한의 침공으로 시작되었음을 명시하고 유엔이 이를 침략 행위로 규정하고 유엔군 파견을 결정했다고 서술하고 있다. 6·25전쟁이 어느 편의 침공으로 시작되었는지 혼동을 줄 만한 내용은 전혀 없다. 정상적으로 한글을 해독하고 '남침'과 '북침'의 의미를 혼동하지 않는다면, 어느 교과서를 읽더라도 6·25전쟁이 북한의 '남침'으로 시작되었다는 사실을 알 수 있다.

그렇다면 검정 《한국사》 교과서들이 다른 내용을 통해 은근히 6·25전쟁을 남북의 공동 책임으로 돌리고 있는 것은 아닐까? 전쟁 서술과 관련된 한두 가지 문제를 더 검토해보자.

소련과 중국의 전쟁 지원

6·25전쟁의 책임과 관련한 또 하나의 중요한 문제는 북한의 전쟁 준비와 소련 및 중국의 전쟁 지원이다. 검정 역사 교과서를 비판하는 사람들은 1990년대에 구소련의 비밀 문서가 공개되면서 김일성이 치밀한 전쟁 준비를 했고

소련과 중국의 사전 승인과 지원을 받았다는 사실이 알려졌는데도, 교과서들에서 이를 명확히 서술하고 있지 않다고 문제삼는다. 이미 폐기된 브루스 커밍스 식의 수정주의를 그대로 따르고 있다고 비판하기도 한다. 이는 곧바로 교과서들이 북한의 전쟁 책임을 희석시킨다는 논리로 이어진다.

과연 그럴까?《한국사》교과서들은 북한의 전쟁 준비를 제대로 서술하고 있지 않은가? 검정 역사 교과서가 이 문제를 어떻게 서술하고 있는지 살펴보자. 계속해서 모든《한국사》교과서의 내용을 그대로 인용하기는 어려우므로, 표현의 수정 없이 소련과 북한의 지원을 어떻게 서술하고 있는지 표로 정리해보자.

| 표 3-2 | 검정 《한국사》 교과서의 소련과 중국의 북한 지원 서술

출판사	소련의 북한 지원	중국의 북한 지원
미래엔	전차와 비행기 등 신무기와 군사적 지원, 남침 계획 사전 승인	조선의용군의 인민군 편입, 미국이 전쟁 개입할 경우 참전 약속
비상교육	북한에 현대식 무기 공급	국공내전에 참여했던 조선의용군 수만 명 북한에 편입

천재교육	중국과 함께 북한의 군사력 강화를 적극 지원, 남침 계획에 동의	중국 내전에 참가하였던 한인 병사를 인민군에 편입, 미국 참전 시 중국군 파병 언급
지학사	남침 계획 사전 승인	조선의용군 병력을 북한이 흡수
두산동아	무력통일을 위한 군사적 지원 약속	조선의용군 3만 명이 귀국하여 인민군 강화
금성출판사	소련이 무기와 군사고문단 지원	중국과 북한이 비밀 협정 체결, 3만 여 명의 조선의용군이 북한에 들어가 인민군의 핵심 전력이 됨
리베르스쿨	다량의 현대식 무기 공급, 김일성의 남침 계획 승인	조선의용군을 조선인민군에 편입. 전쟁이 일어나면 지원 약속
교학사	소련과 중국의 사전 승인과 전폭적인 지원	중국 인민해방군 내의 한인으로 구성된 3개 사단 5만여 명의 병력 지원

　〈표 3-2〉에서 보는 바와 같이 검정《한국사》교과서들은 모두 6·25전쟁 전 소련과 중국이 북한을 지원했음을 빠짐없이 서술하고 있다. 표에는 옮기지 않았지만, 미래엔 교과서는 김일성이 전쟁 사전 승인을 받기 위해 소련을 방문했을 때 스탈린과 나눈 대화 기록을 자료 읽기로 제시했다. 천재교육 교과서는 '소련·중국의 북한군 지원과 북한의 전

쟁 준비'라는 제목의 연표를 만들어 북한의 전쟁 준비 과정과 소련, 중국의 지원을 자세히 설명했다. 그리고 소련이 북한에 무기를 비롯한 군사적 지원을 했다는 사실을 서술했다. 교학사, 지학사, 미래엔, 천재교육 교과서에는 소련이 북한의 남침 계획을 사전에 승인했다는 내용도 들어 있다. 이는 전쟁이 김일성의 치밀한 준비로 시작되었음을 알려준다.

중국의 북한 지원과 관련해서는, 모든 교과서들이 항일 전쟁과 국공내전에 참가했던 조선의용군을 귀국시켜 인민군에 편입시켰음을 서술하고 있다. 리베르스쿨 교과서는 전쟁이 일어나면 북한을 지원하겠다고 약속했으며, 천재교육 교과서는 미국 참전 시 중국군 파병을 언급했다는 사실도 소개한다.

흥미로운 점은 교학사 교과서에 6·25전쟁 전 중국과 북한의 관계나 중국의 북한 지원 약속에 대해서는 자세히 서술한 반면, 소련의 지원 내용이 상대적으로 소략하다는 것이다. "소련도 공군 병력을 위주로 침략 전쟁을 지원하였다"라는 문장이 있기는 하지만, 전쟁 전에 소련이 북한에 무기 등을 지원하여 군사력 강화를 도왔다는 내용은 없다.

특히 김일성이 소련을 방문하여 스탈린에게서 전쟁 승인을 받았다는 사실을 명확히 언급하고 있지 않다. 6·25전쟁의 시작 부분에서 "김일성이 주도하고, 스탈린이 승인했으며, 마오쩌둥이 지원한 전쟁이 시작되었다"라고 서술하고 있을 뿐이다. 이전 《한국근·현대사》 교과서를 맹렬히 비판하던 교과서포럼이 대안으로 펴낸 《대안교과서 한국근·현대사》에서 본문과 자료를 통해 소련의 북한 지원과 전쟁 사전 승인을 강조한 것과는 대조적이다.

6·25전쟁 전 남북 간의 무력 충돌

또 하나 검정 역사 교과서의 6·25전쟁 서술을 '좌편향'으로 몰고 가는 논리는, 전쟁 전에 일어난 남한과 북한의 충돌을 확대 해석하고 있다는 것이다. 남북 간의 군사적 충돌이 자연스럽게 전쟁으로 확대되었다고 서술함으로써 전쟁을 남북한 공동 책임으로 떠넘기고 있다는 논리다. 과연 그런 식으로 서술하고 있을까? 6·25전쟁 전에 일어난 군사적 충돌은 38도선 근처의 무력 충돌과 공산 빨치산의 활동이다. 검정 《한국사》 교과서가 이 사실을 어떻게 서술하고 있는지를 표로 정리해보았다.

| 표 3-3 | 검정 《한국사》 교과서의 6·25전쟁 전 남북 간의 군사적 충돌 서술

출판사	38도선 충돌	빨치산	비고
미래엔	○	○	각각 한 문장
비상교육	○	○	각각 한 문장
천재교육	○	○	
지학사	○	×	
두산동아	○	○	38도선 충돌을 읽기 자료로 설명 북한에서 일어난 반공 의거 서술
금성출판사	○	×	
리베르스쿨	○	×	한 문장
교학사	×	○	

〈표 3-3〉에서 보듯이, 8종 교과서 모두 6·25전쟁 직전의 군사적 충돌을 언급하고 있다. 그러나 내용은 대부분 매우 간략하다. 금성, 리베르스쿨, 지학사 교과서는 공산 빨치산 서술은 없고 38도선 충돌만을 언급했다. 이중 리베르

스쿨과 지학사 교과서는 한 문장에 그친다. "1950년 무렵부터 남북 정부는 서로의 체제를 비판하면서 38도선 부근에서 잦은 무력 충돌을 벌였다"(리베르스쿨), "그 무렵 38도선 부근에서는 소규모의 군사 충돌이 자주 발생하였다"(지학사)라는 서술이 전부다. 금성출판사는 두 문장으로 서술하고 있지만, "38도선 일대에서는 남북한 사이에 수백 회에 달하는 크고 작은 교전이 일어나기도 하였다. 남북한 간의 군사적 충돌은 1949년 말부터 차츰 진정되는 양상을 보였다"라고 하여 충돌의 확대가 아니라 오히려 축소를 설명하기 위한 것으로, 6·25전쟁 발발과 직접적인 관련을 짓지 않고 있음을 알 수 있다.

미래엔, 두산동아, 비상교육, 천재교육 교과서는 38도선 충돌과 공산 빨치산 활동을 함께 서술했다. 그러나 미래엔과 비상교육은 각각 한 문장에 그치고 있다. "남북은 각각 북진통일과 적화통일을 내세우며 옹진반도를 비롯한 38도선 부근에서 잦은 무력 충돌을 빚고 있었다. 한편, 여수·순천에서 내몰린 좌익 세력은 지리산에 숨어들어 무장 활동을 펼쳤다."(미래엔) "남한에서는 좌·우익의 대립이 지속되었으며, 남한의 좌익 세력 중 일부는 지리산, 태백산 일대 등에서 게릴라전을 벌였다. (……) 남한과 북한의 대립은 38도선 부근에서의 잦은 무력 충돌로 나타났다."(비상교육) 이것이 전부다.

천재교육 교과서에는 빨치산 활동에 관한 서술이 두 문장이지만, 실제 활동에 대한 서술은 없다. "북한은 남북한 총선거로 통일정부를 수립하자는 평화통일 공세를 벌이는 한편, 전쟁 준비에 박차를 가하며 남한의 유격대 활동까지 지원하였다. (……) 이에 따라 국군을 창설하여 국방력을 강화하였으며, 지리산 주변에서 활동하던 유격대를 토벌하고, 좌익 활동가를 색출하여 전향시키는 등의 활동을 전개하였다. 38도선 일대에서도 크고 작은 무력 충돌이 일어났다"라고 하여, 북한의 빨치산 지원과 국군의 토벌을 서술하고 있을 뿐이다.

두산동아 교과서는 본문에서 38도선 일대와 공산 빨치산 활동을 각각 한 문장으로 서술한 다음, '38도선을 경계로 잦은 충돌이 일어나다'라는 자료를 제시하여 38도선 부근에서 군사적 충돌이 있었음을 비교적 자세히 서술했다. 그렇지만 북한 신의주 등지에서 반공 의거가 있었다는 사실도 서술하여 북한에서도 공산체제에 맞선 저항이 있었음을 밝히고 있다.

그런데 이 점은 교학사 교과서도 마찬가지다. 교학사 교과서는 본문에서 전쟁 이전의 군사적 충돌에 대해서는 서술하지 않았다. 그러나 자료로 공산 빨치산의 활동을 비교적 자세히 서술했다.

이처럼 검정 《한국사》 교과서의 6·25전쟁 직전 남북 군사적 충돌 서술은 교학사 교과서 한 종을 제외하고는 극히 간단하다. 내용을 아예 뺀다면 몰라도, 더 이상 간단히 쓸 수 없을 정도다. 즉 남북 간의 충돌이 확대되어 전쟁이 일어났다는 관점과는 거리가 멀다.

결국 이 부분을 문제삼는다면 아예 서술하지 말라는 의미로 해석할 수밖에 없다. 그렇지만 남북 간의 무력 충돌은 실제로 있었던 일이고, 이 사실은 당시 한반도의 상황을 이해하는 데 필요하다. 이를 서술할지 말지까지 일일이 지시하는 것은 지나친 통제다. 그기에 교육부나 검정 역사 교과서 비판자들도 서술 자체를 문제삼고 있지는 않다.

검정 역사 교과서가 대한민국의 수립을
'정부 수립'으로 폄하하고 있는가

—

검정 역사 교과서를 비판하는 단골 메뉴 중 하나는 '대한
민국 정부의 수립'이다. 북한 정부의 수립과 대비시키면서,
대한민국은 '정부 수립'으로 격하시켜 북한에 정통성이 있
는 것처럼 서술하고 있다는 것이다. 언뜻 들으면 그야말로
대한민국보다 북한을 높이고 있는 듯하다. 황교안 총리의
담화문에서 이 부분을 그대로 옮겨보자.

> **대한민국은 '정부 수립', 북한은 '국가 수립'**
>
> 우리는 1948년 8월 15일 대한민국의 탄생을 전 세계에 알렸습
> 니다. 유엔도 대한민국이 한반도의 유일한 합법정부임을 승인
> 하였습니다.
>
> 이러한 명백한 사실에 대해 대한민국은 '정부 수립'으로, 북한은
> '조선민주주의인민공화국' 수립으로 기술된 역사 교과서가 있습
> 니다.
>
> 대한민국은 마치 국가가 아니라 정부 단체가 조직된 것처럼 의
> 미를 축소하는 반면, 북한은 '정권 수립'도 아닌 '국가 수립'으로,

건국의 의미를 크게 부여해 오히려 북한에 국가 정통성이 있는 것처럼 의미를 왜곡 전달하고 있습니다.

국무총리의 말이 사실이라면 정말 큰일이 아닐 수 없다. 검정 심사에 버젓이 통과한 교과서들이 대한민국이 아닌 북한에 나라의 정통성이 있는 것처럼 서술하다니. 그러고도 교과서 집필자들이 멀쩡할 수 있을까? 그러고서 어떻게 검정 심사에 통과될 수 있었을까? 검정 심사위원들까지 모두 '좌편향'되었기 때문인가? 하기는 한국사 전공자들 대다수가 좌편향되었고 역사 교사들도 그렇다니까 검정 심사위원들도 마찬가지일지 모르겠다.

그런데 황교안 총리의 담화에 이어 진행된 사회부총리 겸 교육부 장관과 기자들의 질의응답에서, 교육부는 국정 교과서에서 이 부분을 어떻게 처리할 것인지를 얼버무렸다. 다만 북한을 '조선민주주의인민공화국'으로 표현한 것이 맞지 않다는 것을 강조해야 한다는 정도로 이야기한다. 결국 황교안 총리의 담화는 확실한 근거나 검정 역사 교과서 서술을 꼼꼼히 분석한 결과라기보다 오로지 문제점을 부각시키기 위한 것이다.

사실 '대한민국 정부 수립'이라는 표현은 황교안 총리가 '99.9퍼센트 대 0.1퍼센트'로 표현한 그 0.1퍼센트의 교학사 교과서도 사용한다. 이 표현은 검정《한국사》교과서 저자들이 임의로 사용한 것이 아니라 교육과정과 기준안에 제시되어 있는 것이다. 2009개정 교육과정 중학교《역사》와 고등학교《한국사》에서 "8·15 광복 이후 대한민국 정부의 수립과 발전 과정을 다룬다"(중학교《역사》)나 "제2차 세계대전 이후 세계 질서가 재편되는 상황 속에서 대한민국 정부가 수립되는 과정과, 8·15 광복 이후 전개된 대한민국 정부 수립 과정을 파악한다"(이상 고등학교《한국사》)라고 제시되어 있어, '대한민국 정부'의 수립임을 명확히 하고 있다. 집필 기준에서도 예외 없이 '대한민국 정부'라고 표현하고 있다. 교육과정이나 집필 기준을 그대로 따르고 있는 것이다.

이를 의식한 듯 교육부는 2015년 9월 23일에 확정 발표한 개정 교육과정에서 '대한민국 정부의 수립'을 '대한민국의 수립'으로 바꾸었다. 교육과정 연구진의 최종 보고서에도 '대한민국 정부'라고 표기되어 있던 것을 전격적으로 '대한민국'으로 수정한 것이다. '대한민국 정부의 수립'과

'대한민국의 건국'으로 바꾸어야 한다는 일부 주장이 제기되어 논란이 벌어진 상황에서 양자를 절충한 표현으로 보이기도 한다. 그러나 실제로는 '건국'이라는 말만 쓰지 않았을 뿐, 건국의 관점을 받아들인 것으로 생각된다. 이는 정부 당국자들이 계속해서 '정부 수립'이라는 검정 교과서 표현을 비판하고 있는 것에서 짐작할 수 있다.

그렇다면 과연 검정 역사 교과서가 대한민국의 수립을 폄하할 목적으로 '정부 수립'이라고 쓰고 있는 것일까? 이 표현은 현재 교육과정이나 검정 역사 교과서 집필자들이 만들어낸 것일까? 국정 《국사》 교과서들이 1945년 8월 15일에 있었던 '대한민국(정부)의 수립'이라는 역사적 사실을 어떻게 표현하고 있는지 보기로 하자.

| 표 3-4 | 국정 《국사》 교과서의 대한민국(정부) 수립 표기

교과서명	사용 대상	발행연도	표기	비고
《국사》	실업계 고등학교	1971		
《국사》	중학교	1974	대한민국 수립	연표
			정부 수립	사진 설명글

《국사》	인문계 고등학교	1974	대한민국 수립	단원 개관, 항목 제목, 본문, 사진 설명글
			대한민국 정부 수립	연표
《국사》	중학교	1979	대한민국 수립	소제목, 본문
			정부 수립	사진 설명글
《국사》	고등학교	1979	대한민국 수립	본문
			정부 수립	사진 설명글
《국사(하)》	중학교	1982	대한민국 정부 수립	
《국사(하)》	고등학교	1982	대한민국 정부 수립	
《국사(하)》	중학교	1990	대한민국 정부 수립	
《국사(하)》	고등학교	1990	대한민국 정부 수립	
《국사(하)》	중학교	1997	대한민국 수립	제목
			대한민국 정부 수립	본문, 사진 설명글
《국사(하)》	고등학교	1996	대한민국 수립	중단원, 소단원 제목, 본문
			대한민국 정부 수립	항목 제목
《국사》	중학교	2002	대한민국 정부 수립	
《국사》	고등학교	2002	대한민국 정부 수립	
《국사》	고등학교	2006	대한민국 수립	제목
			대한민국 정부 수립	본문, 사진 설명글

〈표 3-4〉에서 알 수 있는 바와 같이 국정《국사》교과서들은 '대한민국 수립'과 '대한민국 정부 수립'을 섞어서 쓰거나, '대한민국 정부 수립'이라고 쓰고 있다. 1982년, 1990년, 2002년 교과서는 '대한민국 정부 수립'으로 표기를 통일하고 있는 반면, 1974년 중·고등학교, 1979년 중·고등학교, 1996년 고등학교·1997년 중학교 교과서, 2006년 고등학교 교과서에는 '대한민국 수립'과 '대한민국 정부 수립'이라는 말을 함께 쓰고 있다. 2006년 고등학교 교과서와 함께 사용되는 2002년판 중학교 교과서는 '대한민국 정부 수립'이라고 표현했다. 국정《국사》교과서에서는 이 표현의 차이를 의식하지 않았기 때문으로 보인다.

사실 이 문제는 이른바 '건국절' 논란이 있기 전에는 크게 관심을 끌지 않았다. 어느 용어가 타당한지 논의는 제쳐놓더라도, 적어도 '대한민국 정부 수립'은 이전부터 널리 사용되던 표현으로 검정《한국사》교과서들이 '대한민국(정부) 수립'을 폄하하기 위해 사용한 것이 아니라는 사실은 명백하다. 결국 이를 문제 삼는 것은 검정《한국사》교과서가 북한에 호의적이고 대한민국에 비판적이라는 식으로 몰아가기 위한 '트집'이라고 볼 수밖에 없다.

한 나라의 국무총리가 담화를 발표하면서 이런 사실을 몰랐을 리 없다고 가정하면, 이는 명백히 사실을 왜곡한 것이다. 그러기에 직후에 있었던 교육부와 기자들의 질의응답에서 이 부분을 얼버무리지 않았을까?

그렇다면 1948년 8월 15일의 이 사실을 국가 수립으로 보아야 할까, 정부 수립으로 보아야 할까? 이미 많은 사람들이 지적했지만, 1948년 8월 15일의 '대한민국 (정부) 수립'을 당시에는 어떻게 보았는지 자료를 통해 확인해보기로 하자. 먼저 국가의 통치 원리와 국민의 기본권을 규정하고 있는 최상위 법 규정인 헌법을 보자. 제헌헌법의 전문(前文)은 다음과 같은 말로 시작한다.

유구한 역사와 전통에 빛나는 우리들 대한국민은 기미 3·1운동으로 대한민국을 건립하여 세계에 선포한 위대한 독립정신을 계승하여 이제 민주독립 국가를 재건함에 있어서 (……)

제헌헌법은 대한민국이 3·1운동으로 건립되었음을 명백히 밝히고 있다. 대한민국 임시정부의 수립을 건국으로 보고 있는 것이다. 제헌정부도 이를 '정부 수립'이라고 인식했다. 이는 초대 대통령인 이승만도 마찬가지다. 1948년 8월 15일의 경축 기념식 명칭은 '대한민국 정부 수립 선포 겸 광복 3주년 기념식'이며, 이를 준비하는 기구는 '대한민국 정부 수립 국민축하준비위원회'다. 이날 부른 노래의 제목은 '대한민국 정부 수립 기념가'다. 많은 교과서들이 싣고 있는 기념식 사진의 플래카드에도 '대한민국정부수립 국민축하식'이라는 글귀가 뚜렷이 적혀 있다. 이승만 대통령의 기념식 식사(式辭)는 '대한민국 30년 8월 15일'로 날짜가 명시되어 있다. 즉 1919년 대한민국 임시정부의 수립을 건국으로 보고 있는 것이다.

역사 전공자뿐만 아니라 일반인들도 이런 내용이 담긴 자료를 쉽게 접할 수 있다. 혹시 의문을 가질 분들을 위해 소개하자면, 국사편찬위원회의 한국사데이터베이스 (http://db.history.go.kr/) 중 '대한민국' 시기 자료에 '자료 대한민국사'가 있다. 이 자료는 날짜별로 정리되어 있으므로, 1948년 8월 15일자를 확인하면 된다.

검정 역사 교과서가 대한민국의 정통성을 훼손했는가

대한민국을 국가가 아닌 정부로 격하했다는 비판은 검정 역사 교과서가 대한민국의 정통성을 훼손했다는 논리로 연결된다. 교육부가 운영 중인 '올바른 역사 교과서' 홈페이지(http://www.moe.go.kr/history/)에는 검정 《한국사》 교과서가 "대한민국 정부는 유엔으로부터 한반도의 유일한 합법정부로 승인받은 사실에 유의한다"는 집필 기준이 있는데도, 이 취지를 완벽하게 반영하지 않았다고 비판한다. 예를 들어 "선거가 가능하였던 한반도 내에서 유일한 합법정부임을 승인한다"(금성출판사)거나 "선거가 실시된 지역에서 수립된 대한민국 정부를 한반도의 유일 합법정부로 승인하였다"(천재교육)라고 왜곡했다는 것이다. 나아가서는 2010년 검정본에 이 기준이 제시되지 않음에 따라 대한민국의 정통성에 대해 문제 있는 서술을 하고 있다고 비판을 확대한다.

교육부의 표현은 조금 애매하다. '대한민국의 정통성에 대해 문제 있는 서술'이라는 의미가 무엇일까? 정통성을 인정하지 않는 서술이라는 것일까? 그런 의미는 아닌 듯하다.

만약 검정 역사 교과서들이 대한민국의 정통성을 인정하지 않는 서술을 했다고 생각되면, 그렇다고 명시했을 테니까. 그렇지만 검정 역사 교과서들이 대한민국의 정통성을 명확히 하고 있지 않다는 말임은 확실하다. 언뜻 읽으면 의도적으로 대한민국의 정통성을 감추려 한다는 느낌을 받을 수도 있다. 과연 검정 역사 교과서들이 대한민국의 정통성을 명확히 하지 않으려 하는 것일까? 교육부가 문제 삼는 서술은 어찌된 것일까?

유엔이 대한민국을 한반도의 유일한 합법정부로 승인했지만, 합법성의 범위가 어디까지인지는 2011년 2009개정 교육과정에 따른 역사 교육과정 각론을 개발하는 과정에서 논란이 되었다. 문제가 된 것은 1948년 12월 유엔총회의 195(3)호 결의 '한국 독립 문제 결의안' 2조였다. 문제가 되는 내용의 원문과 번역문을 제시해보자.

Declares that there has been established a lawful government(the Government of the Republic of Korea) having effective control and jurisdiction over that part of Korea where the Temporary Commission was able to observe and consult and in which the great majority of the people of all Korea reside; that this Government is based on elections which was a valid expression of the free will of the electorate of that part of Korea and which were observed by the Temporary Commission; and that this is the only such Government.

[유엔] 임시위원단이 감시하고 협의할 수 있었으며, 또 대다수 한국 사람들이 거주하고 있는 한국의 그 부분에 대한 실제적인 지배권과 관할권을 가진 합법정부(대한민국 정부)가 수립되었으며, 이 정부는 한국 동 지역 유권자의 자유의사의 정당한 표현이자 임시위원단에 의해 감시된 선거에 기초를 두었다는 것, 또 이것이[동 정부가] 그와 같은 유일한 정부라는 것을 선언한다.(밑줄은 인용자)

밑줄 친 'such'라는 단어가 '합법적인'의 의미라는 것은 모두가 인정하는 바다. 다만 유엔이 승인한 합법성의 범위가 어디까지인지가 논란이 되었다. 한편에서는 유엔 임시위원단이 선거를 감시할 수 있었던 38도선 이남이라고 보았고, 다른 한편에서는 한반도 전체라고 보았다. 어느 편의 주장이 타당한지가 논란의 대상이므로, 일단 이 문제는 접어두자. 그러나 적어도 검정《한국사》교과서가 대한민국의 정통성에 의문을 가지고 이런 서술을 하지 않았음은 명확하다. 또한 대한민국이 유엔으로부터 합법정부라고 승인을 받은 지역이 38도선 이남이라는 해석은 이른바 진보 진영에서만 하는 것이 아니다. 보수 진영의 대표적 이론가로, 교과서포럼 등의 활동을 통해 검정 역사 교과서 비판에도 힘을 기울였던 고(故) 김일영 성균관대학교 교수는 북한 붕괴 시 한국군의 역할을 다룬 논문에서 다음과 같이 설명한다.

이와 관련하여 정부는 하루빨리 1948년 12월 12일 유엔 결의 195(3)의 내용을 있는 그대로 국민들에게 알려주어야 한다. 이제까지 정부는 이것을 '유엔이 대한민국을 한반도의 유일 합법 정부로 승인'한 것이라고 가르쳐왔다. 그러나 그것은 명백히 사실이 아니며, 국제 사회에서 한국을 제외하고는 어느 나라도 이러한 해석을 인정하고 있지 않다. 아래의 원문에서 보듯이 이 결의안은 한국을 '유엔 한국임시위원단의 감시가 가능한 지역에서 수립된 합법정부'라고 인정하고 있을 뿐이다.

(김일영, 〈북한 붕괴 시 한국군의 역할 및 한계〉, 《국방연구》, 46(2), 2003, 172쪽)

이 글은 노무현 정부 때 쓴 것이다. 유엔이 대한민국을 합법정부로 인정한 것은 '유엔 한국임시위원단의 감시가 가능한 지역'이라는 것이다. 그런데도 노무현 정부 때까지 이를 마치 '한반도의 유일 합법정부로 승인'한 것이라고 가르쳐왔으므로 하루빨리 그렇지 않다는 사실을 알려야 한다고 주장한다.

정부는 통일시대를 대비해야 한다고 입버릇처럼 반복한다. 그런데 그런 시정 방침과 달리 정통성 문제를 내세워 검정 역사 교과서를 비판함으로써 국정화 논리를 뒷받침하는 데만 열중하고 있다. 그 결과 통일 후 일어날 수 있는 문제에 대해서 제대로 검토하지 않는다.

사실로 둔갑하는 역사 해석과 관점

《한국근·현대사》교과서부터《한국사》교과서까지 10년 이상 계속되는 역사 교과서 논쟁을 보고 있노라면, 확실히 한국현대사를 바라보는 관점이나 역사적 사실의 해석에서 차이가 있다는 것을 느낀다. 어쩌면 이는 당연한 현상일 것이다. 역사적 사실은 과학이나 수학 같은 진리가 아니라 역사가의 관점이 들어간 해석인 경우가 많기 때문이다. 문제는 정치적 힘을 이용해서, 자신의 해석을 객관적 사실로 바꾸거나 관점을 강요하는 태도다. 검정 역사 교과서를 향한 비판 중 상당 부분은 역사 해석이나 관점의 차이에서 비롯된다. 그런데도 이를 객관적 사실인 것처럼 가장해서 국정화의 논리로 삼고 있다.

'자랑스러운' 역사는 어떤 역사인가

—

'자학사관'은 역사 교과서 국정화를 정당화하기 위해 검정 교과서의 역사관을 공격할 때 자주 등장하는 말이다. 김무성 새누리당 대표는 2015년 9월 2일 국회교섭단체 대표연설에서 '긍정의 역사관이 중요'하며, "자학의 역사관, 부정의 역사관은 절대 피해야 합니다"라고 강조했다. 이 연설은 여당인 새누리당이 앞장서서 역사 교과서 국정화를 추진하겠다는 뜻으로 언론에 보도되었으며, 이후 실제로 그렇게 전개되었다.

이후에도 김무성 대표는 "아이들이 잘못된 역사 교과서 때문에 자학적 패배주의 사관에 젖어 있다"면서, "이것을 바로잡으려 올바른 역사 교과서를 만들려 하는데 야당은 왜 반대하냐"며 국정화를 적극 옹호하고 이에 반대하는 야당을 공격했다. 현행 검정 역사 교과서가 자학사관에 입각해서 서술되어 있으며, 국정화는 이를 바로잡기 위한 것이라는 인식이다.

박근혜 대통령은 현재의 역사 교과서는 비정상적이며, 정부가 추진하는 역사교육 정상화는 아이들이 '대한민국 국민으로서 자긍심을 갖고 자라도록 하기 위해서'라고 말한다. 지금의 검정 역사 교과서는 아이들이 자긍심을 가질 수 없도록 서술되어 있으며, 국정화는 이를 바로잡아 정상화하는 조처라는 것이다.

이러한 관점은 이명박 정부 시절부터 되풀이되던 것이다. 이명박 정부는 《한국근·현대사》 교과서 논란이 절정이던 2008년에 건국 60주년 기념사업의 일환으로 '기적의 역사'라는 제목의 DVD를 만들어 학교에 보급했다. 나는 '기적의 역사'의 3·15선거 부분을 보면서 기겁했다. 정부가 자유로운 선거를 위해 힘썼고, 실제로 자유로운 분위기에서 실시되었으며, 세계 각국이 이승만과 이기붕의 정·부통령 당선을 축하했다는 대한뉴스를 그대로 싣고 있었다. '기적의 역사' DVD는 4·19혁명을 비롯한 민주화 운동을 폄하하는 내용 때문에 비난이 쏟아지자 회수되었다. 특히 4·19혁명을 '4·19데모'라고 표현한 것이 결정적이었다. 한국현대사는 '성공의 역사', '발전의 역사', '기적의 역사'이므로, '긍정과 발전의 역사관'을 가져야 한다는 것은 이명박 대통령이 거듭 강조하던 것이었다. 여기에는 그동안 현대사 평가가 부정적이라는 생각이 깔려 있었다.

이 DVD는,《한국근·현대사》교과서가 대한민국의 역사를 부정적으로 서술하는 자학사관의 관점을 가지고 있다고 보고 그에 대한 대책의 성격을 띠는 것이었다. "세계가 우리의 발전을 주목하는데 우리 스스로 과거를 부정할 이유는 없습니다. 자신의 역사를 부정하는 국민에게는 미래가 없습니다"(2008년 7월 11일, 제18대 국회 개원 연설)라는 말은 이런 생각을 그대로 보여준다. 이러한 관점은 "특히 긍정의 역사관이 중요한데, 역사관이 곧 미래관이기 때문"이라는 새누리당 김무성 대표의 논지와 일치한다.

알다시피 '자학사관'은 일본 우익이 즐겨 쓰는 표현이다. 이것을 한국에서도 반복해서 듣는 것이 거슬리기는 하지만, 그보다는 실제《한국사》교과서들이 자학사관에 입각해서 대한민국의 현대사를 부정적으로 서술하고 있는지를 물어야 할 것이다. 이 질문에 '그렇다'고 대답할 교과서 집필자는 한 명도 없을 것이다.

천재교육 교과서 대표 집필자인 주진오 상명대학교 교수는 2015년 11월 3일에 한반도미래연구원 주최로 열린 강연에서 "과거를 반성하고 다시 잘못을 하지 않겠다는 게 왜 자학인가?"라고 반문했다. 그리고 "실제로 교과서를 보면 끈질긴 독립운동, 민주화 운동, 산업화 과정에서의 성장 등 자랑스러운 역사를 충분히 설명하고 있다"라고 덧붙였다. 미래엔 교과서의 집필자인 한철호 동국대학교 교수는 한 언론과의 인터뷰에서 긍정사관 주장에 대해 "역사란 잘 된 것만 배우는 게 아니다. 긍정의 역사를 만들기 위해서라도 잘된 건 계승하고 잘못된 것은 원인 진단을 명확히 해야 한다"라고 반박했다.

왜 같은 교과서를 가지고 이렇게 보는 눈이 다른가? 이는 '역사의 발전'을 보는 관점의 차이일 것이다. 박근혜 대통령은 앞에서도 인용한 2015년 국회 시정 연설에서 "우리 대한민국은 반세기 만에 산업화와 민주화를 모두 이루어내고, 세계 최초로 원조를 받던 나라에서 원조를 주는 나라가 된 자랑스러운 나라입니다"라고 했다. 대한민국 발전의 역사는 산업화와 민주화를 이룬 데 있다는 것이다. 그런데 이어지는 '세계 최초로 원조를 받던 나라에서 원조를 주는 나라가 된 자랑스러운 나라'라는 말에서 짐작할 수 있듯이 아마도 산업화에 더 비중을 두는 듯하다.

이명박 대통령도 대한민국이 이룩한 건국과 산업화, 민주화는 '기적의 역사'라고 하면서, '18세기 이래 가장 성공한 근대화 혁명'이라고 평가했다. 그렇지만 '근대화'라는 표현이 보여주듯이, 초점은 '산업화'이며 여기에 '건국'을 추가한 것이다. 검정 《한국사》 교과서들도 대한민국이 일제의 식민 지배와 전쟁의 피해를 극복하고 산업화에 성공했으며, 박정희 정부 시절의 경제 성장이 그 밑바탕이 되었다고 서술한다. 여기에 산업화의 문제점이나 부작용을 덧붙이고 있다.

그러나 일부 사람들에게 역사 교과서의 관점이 '자학사관'으로 보이는 더 큰 이유는 민주화 서술 때문일 것이다. 역사 교과서들에서는 민주화 운동을 꽤 구체적으로 다루고 있다. 그러다 보면 자연히 이승만과 박정희 정부 시절의 독재 정치가 부각된다. 검정 역사 교과서들이 현대사를 부정적으로 서술하고 있다고 보는 이유다.

"민주화 운동 관련해 전태일, 박종철, 이한열 등 상징적 인물을 통해 그 과정을 스토리 있게 전한 반면, 경제 발전에 기여한 이병철, 정주영 등에 대한 서술은 없다"《매일경제》, 2015년 10월 23일)라는 한 신문의 논조는 이러한 관점을 그대로 대변하고 있다. 결국 현행 역사 교과서가 역사를 부정적으로 바라보는 자학사관으로 서술되어 있다는 비판은

'발전'을 보는 관점의 차이에서 비롯된다. 다시 말해 발전을 누구의 관점으로 보는가, 어떤 측면을 발전으로 보는가의 차이다.

산업화와 민주화의 관계에 대해서는 개발독재론, 발전국가론, 병행론 등으로 견해가 엇갈리지만, 적어도 발전의 역사, 성공의 역사에는 산업화뿐 아니라 민주화도 중요하다. 대한민국이 근대화에 성공했다고 평가한다면, 그 근거는 경제 성장뿐 아니라 민주주의의 발전에도 있다. 2차 세계 대전 이후 독립한 많은 나라들은 정치적 혼란을 겪었으며, 지금도 겪고 있다. 쿠데타가 이어지고 독재정치가 계속되었다. 우리나라도 독재정치를 겪었지만 이를 극복하고 민주화에 성공했다. 한국이 자랑해야 할 역사는 산업화뿐 아니라 민주화를 동시에 이루었다는 것이다. 경제 성장만 놓고 보면 '아시아의 네 마리 용'에는 한국 외에도 다른 세 나라가 있다. 비록 도시국가이거나 한국보다 규모가 훨씬 작은 나라라고는 하지만, 경제 성장에는 성공했다. 그렇지만 민주화의 측면에서는 한국보다 뒤떨어진다. 이런 민주화는 저절로 이루어진 것이 아니라 민주화 운동의 결과다.

이승만 정부나 박정희 정부의 관점에서 보면 민주화 운

동을 자세히 서술하는 역사 교과서는 '자학사관'이며 현대사를 부정적으로 보는 것일 수도 있다. 그러나 국민의 관점에서 보면 오히려 긍정적이고 자랑스러운 역사다. 《한국사》 교과서의 역사 서술이 부정적인가 긍정적인가는 이런 관점의 차이에서 생긴다. 그런데도 국정화를 주장하는 측에서는 이런 관점과 해석의 차이를 마치 역사적 사실의 오류인 것처럼 가장한다.

'광복 이후 3년의 역사'를 바라보는 관점
—

2008년 7월 3일 정갑윤 의원을 비롯한 한나라당 국회의원 13명은 광복절을 건국절로 바꾸자는 내용의 '국경일에 관한 법률 일부 개정안'을 발의했다.

이와 때를 같이하여 뉴라이트재단, 자유주의연대 등 뉴라이트 계열 5개 시민사회단체들은 "수동적으로 얻은 1945년 8월 15일 광복절보다 대한민국 정부를 수립한 1948년 8월 15일이 지닌 의미가 훨씬 크다"며 "남북 분단을 가져온 불완전한 광복을 기념하지 말고 자유와 번영을 안겨준 대한민국의 탄생을 경축하자"며 광복절을 건국절로 바꾸자고 주장했다.

교과서포럼에서 쓴 《대안교과서 한국근·현대사》의 집필자 중 한 사람이기도 한 이영훈 서울대학교 교수는 문명사적 관점에서 1945년 8월 15일은 그리 흥분되지 않는다면서 광복의 의미를 평가절하했다. 광복은 우리의 힘으로 이루어지지 않았으며, 어떤 국가를 세울지 준비가 되지 않았고, 일제에 병탄되기 전 광명한 빛과도 같은 문명이 있었던 것도 아니기 때문이라는 것이다. 그러면서 "진정한 의미의 빛은 1948년 8월 15일의 건국 그날에 찾아왔다. 우리도 그날에 국민 모두가 춤추고 노래하는 건국절을 만들자"고 주장했다.

이명박 대통령은 '제63주년 광복절 및 대한민국 건국 60년 경축사'에서 '광복 63년'이 아니라 '건국 60년'을 내세웠다.

광복절을 건국절로 바꾸자는 주장은 사회 각계각층의 비판을 받았다. 야당은 정부의 공식 행사에 참여하지 않고, 김구 묘역에서 별도의 광복절 행사를 가졌다. 14개 역사학·역사교육 관련 학회들도 이를 비판하는 성명서를 냈다. 보수적 성격을 띤 광복회나 임시정부기념사업회 등 독립운동 관련 단체들까지 거세게 반발했다.

결국 부정적 여론을 의식한 정갑윤 의원 등이 법안의 발의를 취소하여 사건은 일단락되었지만, 건국절 파동은 광복부터 1948년 8월 15일까지의 역사 흐름을 바라보는 사회 일각의 시각을 그대로 드러냈다.

건국절 논란은 단순히 1945년 8월 15일뿐 아니라 1948년 8월 15일도 중요하다거나 둘 중 어느 편이 더 중요한가를 넘어서 한국현대사의 시작에 대한 시각의 차이를 내포하고 있다. 역사 교과서 국정화를 찬성하건 반대하건 간에, 검정 역사 교과서와 이를 비판하는 사람들 사이에는 광복 이후 3년의 역사를 보는 관점이 크게 다르다. 이는 1945년 8월 15일 일본의 식민 지배에서 독립한 날에 대한 인식의 차이에서 비롯된다. 이날은 일본의 식민 통치가 끝나고 한국이 독립을 한 기쁜 날이다. 그러나 38도선을 경계로 하여 남한에서는 미군이, 북한에서는 소련군이 통치하기 시작했다. 그리고 결국 단일정부를 세우지 못하고 분단되고 말았다. 그 결과는 6·25전쟁을 낳고 말았다.

역사 교과서는 대한민국(정부)의 수립과는 별도로 이 시기 역사를 대체로 이와 같은 흐름으로 이해한다. 검정 역사 교과서뿐 아니라 그 이전 국정《국사》교과서들도 마찬가지다. 예를 들어 마지막 중·고등학교《국사》교과서는 이 시기의 역사 흐름을 다음과 같이 개관한다.

1945년, 우리 민족은 마침내 일제의 식민 통치로부터 벗어나 광복을 맞이하였다. 우리의 민족국가를 세우게 되었다는 희망으로 나라는 활기에 넘쳤다. 그러나 세계적으로 냉전 체제가 형성되면서 우리나라는 남북으로 분단되었고, 북한의 남침으로 우리 민족은 엄청난 시련을 겪었다.

(중학교《국사》, 2002, '대한민국 정부의 수립' 학습 개요)

그런데 미·소의 한반도 분할 정책과 좌·우익 세력의 갈등으로 남북이 분단되어 통일 국가를 세우지 못하였다. 특히 6·25전쟁을 겪으면서 분단은 더욱 고착화되고 남북 사이의 상호 불신이 깊어갔다.

(고등학교《국사》, 2006, '근·현대의 정치' 개관)

그러나 다른 관점을 가진 사람들이 보기에 1945년 8월 15일은 독립을 한 날이지만, 당시 정세로 볼 때는 한반도 전체가 공산주의화될 수 있는 위험이 본격적으로 시작되는 날이기도 했다. 광복 이후 3년간의 역사는 이런 위험에서 벗어나 비록 남한뿐이지만 자유민주주의 국가를 건설한 역사다. 그런 점에서 보면 1945년 8월 15일이 아니라 1948년 8월 15일이 기쁜 날이다.

이런 관점에서 보면 남한의 단독정부 수립은 불가피한 일일 뿐 아니라 최선의 선택이다. 그래서 단독정부 수립이라는 선택을 오히려 강조한다. 당시 유력 정치 지도자 가운데 제일 먼저 단독정부 수립을 주장한 이승만의 '정읍 발언'은 상황을 냉철하게 파악한 실천 가능한 탁견이 된다.

예를 들어 교학사 교과서는 2쪽에 걸쳐 '남북한 분단 과정의 이해'라는 탐구활동을 구성하고 있는데, 5개의 자료를 제시하고 여섯 가지 질문을 던진다. 이중 두 번째 페이지에서는 '자료 3. 이승만의 정읍 발언(1946. 6)', '자료 4. 좌우합작 7원칙(1946. 10)', '자료 5. 김구, 삼천만 동포에게 읍고함(1948. 2)'을 제시하고, 다음과 같이 발문한다.

④ 자료 3에서 이승만이 단독정부 수립을 주장한 이유를 생각해 보자.

⑤ 자료 4에서 좌우합작 7원칙이 성공하기 어려웠던 이유는 무엇인지 생각해보자.

⑥ 자료 1~자료 5를 비교하여 검토하고, 인민민주주의론, 단독정부 수립론, 좌우합작론으로 역할을 나누어 상황극을 진행해보자.

첫 페이지에 제시된 자료 1은 '스탈린이 연해주 군관구 군사위원회와 25군 사령부에 하달한 명령(1945. 9)'이며, 자료 2는 '슈킨의 북조선 정세 보고서(1945. 12)'다. 그리고 끝에 다음과 같은 '도움글'을 덧붙이고 있다. "정치적 판단에는 이상적인 것과 현실적인 것이 있다. 자료 3, 자료 4, 자료 5에서 이상적인 것과 현실적인 것 중 어느 쪽이 두드러지는지 확인할 수 있다." 탐구활동으로 제시되어 있지만, '이승만의 정읍 발언'은 실천 가능한 현실적인 것이고, '좌우합작 7원칙'과 '김구의 삼천만 동포에게 읍고함'은 실천할 수 없는 이상적인 것이라고 전제하고 있다.

발문 ⑥에서 인민민주주의론과 대비되는 것은 단독정부 수립론이다. 단독정부를 반대하면 인민민주주의를 지지하는 구조다. 형식적으로는 자료를 읽고 학생들이 생각해보도록 하고 있지만, 실제로는 저자의 관점을 주입시키고 있는 것이다.

흥미로운 점은 이명박 정부 당시 교육부가 금성출판사 《한국근·현대사》 교과서에 대해 수정 지시를 하면서 '이승만의 정읍 발언'과 '김구의 삼천만 동포에게 읍고함'을 동시에 자료로 제시하지 말라고 했다는 사실이다. "통일은 민족적 과제이므로 단독정부 수립과 관련된 정치 세력별 의견을 나열 제시할 경우 당시 상황이나 배경과는 무관하게 단독정부 수립을 주장하는 측에 분단의 책임이 있다고 학생들이 선입견을 가질 우려가 있음. 두 자료 중 하나만 제시하거나 분리하여 제시하는 것이 바람직함"이라는 것이다. 그런데 교학사 교과서가 두 자료를 함께 실은 것에 대해서는 별다른 지적 없이 넘어갔다.

이 같은 일관성의 결여는, 수정 지시가 본문 서술이나 자료 구성 방식이 아니라 교과서의 역사 인식이 교육부의 마음에 드는가 아닌가에 따라 이루어졌음을 보여준다. 어쨌든 단독정부 수립이 당시 상황에서 불가피했다는 것을 넘어서 바람직한 선택이었다는 관점으로 본다면, 이승만의 정읍 발언은 당시 한반도 정세에서 최선의 정치 행위로 볼 수 있다.

이런 관점에 동의할 수는 없지만, 나는 개인적으로 1945년 8월 15일부터 1948년 8월 15일의 정부 수립까지 3년의 역사를 이렇게 보는 사람이 있을 수 있다는 점을 인정한다. 문제는 이들이 자신과 다른 생각을 인정하지 않고 일방적으로 매도한다는 점이다. 게다가 남북 간의 대립이나 이데올로기의 틀을 덮어씌우기도 한다.

나는 검정 역사 교과서 논란과 관련하여 해방 3년사를 보는 서로 다른 관점이 있음을 《시사IN》과의 인터뷰에서 소개한 바 있다. 그런데 《동아일보》의 논설은 그 인터뷰를 소개하면서 이렇게 문제 제기를 한다.

'기존 관점은 분단이 됐다, 통일된 국가 설립에 성공하지 못했다는 것'인데 "이 3년이 우익사관에선 한국이 공산화될 수도 있는 위기를 극복하고 38선 이남에라도 자유민주주의 국가를 만든 성공의 역사가 된다'고 시사IN과의 인터뷰에서 밝힌 것이다. 그럼, "당시 우리나라가 자유민주주의 아닌 공산주의를 좇아 지금 북한 김정은 밑에서 살아야 옳단 말인가?"

《김순덕 칼럼―그럼에도 '역사전쟁'에는 반대다》, 《동아일보》 2015년 10월 12일)

광복 후 3년의 역사에서 분단을 중요하게 여기는 역사적 관점은 역사 교과서뿐 아니라 대부분의 한국사 개설서들도 마찬가지다. 그런데 이 시기를 반공의 역사로 보지 않는다면, 한반도가 공산주의 국가가 되고 나아가 북한 김정은 밑에서 살아도 괜찮다는 의미라고 간주한다. 양자택일 외의 다른 선택은 존재하지 않는다. 역사를 보는 관점은 둘째 치고 유력 중앙일간지 논설실장의 칼럼으로는 너무 극단적인 이분법 논리다. 남한 단독정부를 지지하지 않으면 인민민주주의, 나아가서는 친북으로 몰아가는 논리를 너무나 자연스럽게 사용한다.

　문득 2011년 역사과 교육과정을 만들면서 '민주주의'라는 말을 '자유민주주의'로 바꾼 사람들의 논리가 떠오른다. 교육과정에 '자유민주주의'라는 표현을 사용하는 것이 적절하지 않다고 주장하면, '인민민주주의'를 지지하는 것이라는 논리이다. 이들은 제헌헌법에 나오는 "영리를 목적으로 하는 사기업에 있어서는 노동자는 법률의 정하는 바에 의하여 이익의 분배에 균점할 권리가 있다"(제18조 ②항), "중요한 운수, 통신, 금융, 보험, 전기, 수리, 수도, 까스 및 공공성을 가진 기업은 국영 또는 공영으로 한다"(제87조)라는 사회민주주의의 요소를 자유민주주의에 포함되는 것으로 해석한다. 물론 그렇게 볼 수는 있을 것이다. 정치적으로 보아 이런 식의 사회민주주의 정책은 유럽의 자유민주주의 국가들에서도 찾아볼 수 있다.

그러나 실제로 노동자에게 기업의 이익을 분배하라고 요구한다거나 위에서 열거한 산업을 국영 또는 공영으로 하라고 주장한다면, 이를 자유민주주의의 틀로 받아들일까? 교학사 교과서는 '시장경제를 자유민주주의 체제를 지탱하는 경제적 축'으로 설명한다. 비록 국가 간의 대외관계에서 시장경제를 설명하고 있지만, 국내 경제에도 시장경제의 논리는 적용된다.

교과서포럼이 펴낸《대안교과서 한국근·현대사》는 김대중 정부의 정리해고 요건 완화, 공기업을 비롯한 정부기관의 구조조정과 민영화 등은 한국 경제의 비효율성을 제거하고 국제 경쟁력을 높이기 위한 선택이라고 긍정적으로 평가한다. 제헌헌법에 나오는 사회민주주의 정책은 이들의 주장과 거리가 멀다. 사회민주주의는 편의에 따라 자유민주주의에 편입되기도 하고, 거꾸로 자유민주주의와 대립하는 정책이 되기도 한다.

이런 식의 논리는 이승만의 활동을 자세히 서술하고 긍정적으로 평가하는 것으로 연결된다. 교학사 교과서는 대한민국 임시정부의 '외교적 독립운동' 항목 대부분을 이승만의 구미위원부 활동으로 채우고 있다. 다른 교과서나 한국사 개설서들에서는 대부분 전혀 나오지 않는 1940년대 이승만의 대한민국 임시정부 승인 운동을 한 페이지에 걸쳐 자세히 서술하고, 이승만의 '단파방송'을 읽기 자료로 제시한다. 앞에서 살펴본 바와 같이 이승만의 정읍 발언을 소개하고 그 의미를 생각하게 한다. 반공포로 석방 등을 자료와 도움글로 자세히 소개하고 매우 높이 평가한다. 반공포로 석방은 '정치적 생명을 건 도박'이며, '그 결단으로 얻어낸 것이 바로 한·미상호방위조약'이라는 것이다.

이에 반해 친일파 청산에 대한 이승만의 입장은 전혀 언급하지 않는다. 사사오입 개헌은 자유민주주의의 절차적 정당성을 훼손한 것으로서 이승만 정부의 정당성을 손상했다고 비판하지만, 3·15부정선거에 대한 이승만의 책임을 명시하지 않는다. 오히려 '북한의 위협과 한국 정치의 변화'라는 제목의 탐구활동을 제시하고 이승만의 하야를 4·19혁명에서 나타난 국민의 요구를 받아들인 것이라기보다는 본인의 결단으로 생각하게 한다.

또한 탐구활동에서는 "한 가지 내가 부탁하고자 하는 것은 우리 동포들이 지금도 38선 이북에서 우리를 침입코자 공산당이 호시탐탐하게 기다리고 있다는 것을 명심하고 그들에게 기회를 주지 않도록 힘써주기를 바라는 바이다"라는 내용이 들어간 이승만 대통령의 대국민 담화문을 제시하고, '이승만 대통령이 왜 하야를 결정하였는지 생각해보자'라는 질문을 하고 있다. 읽기에 따라서는, 4·19혁명으로 일어나는 혼란을 공산당이 이용할까 우려하여 하야를 한 것처럼 생각할 수 있는 대목이다. 교학사 교과서의 문제점을 자세히 비판하는 것이 이 글의 주된 목적은 아니므로 더 구체적인 분석은 생략한다. 그렇지만 이처럼 일반적 역사책이나 다른 역사 교과서보다 월등히 많은 이승만 서술과 긍정적 평가는 기본적으로 1948년의 대한민국 정부 수립을 '건국'이라는 중요한 사건으로 자리매김하기 위한 작업의 일환이다.

3

필요에 따라 바뀌는 교과서 발행 논리

역사 교과서 국정화를 둘러싼 논란의 과정에서, 현재 역사 교과서 국정화에 앞장서고 있는 사람들이 과거에는 국정제를 반대했다는 사실이 알려졌다. 김정배 국사편찬위원회 위원장과 김재춘 전 교육부 차관이 예전에 국정제를 반대했다는 것이 여러 차례 보도되었다.

역사 교과서 자율화를 주장하는 보고서들

이런 사례를 찾는 것은 그리 어려울 것 같지 않다. 이른바 진보학자건 보수학자건 평상시에는 국정제를 찬성하는 사람이 별로 없었을 테니까. 그래도 확인의 차원에서 이런 기록들을 좀 더 찾아보자.

무엇보다 한국사 교과서는 최소한 사실(fact)이 틀리거나 정치·이념적으로 지나치게 편향된 내용은 없어야 함. 이를 위해 일부에서는 역사 교과서에 한해 국정제 전환을 주장하기도 하나, 이보다는 세계적 추세에도 부합하고, 1995년 이후 신자유주의 교육 개혁의 기조를 유지하고 있는 우리나라 교육 정책의 흐름에 맞는 검인정제를 보다 법적·제도적으로 강화하는 것이 바람직한 것으로 판단됨. 검인정제는 특정 사상이나 학설을 배격하는 수단이 되어선 안 되고, 다양한 견해가 균형 있게 서술되고 있는가 살피도록 운영되는 것이 타당함.

《한국사》교과서의 내용을 분석하고 역사 교과서 논쟁을 소개한 다음, 결론적으로 그 해법의 방향을 제시한 정책 보고서의 일부 내용이다. 이어서 이 보고서는 다음과 같이 지적한다.

8종 《한국사》교과서 논란과 관련하여 그동안 정치권의 문제 제기와 국정감사를 통해 《한국사》교과서의 사실 오류, 역사 왜곡, 검인정 절차 등 모든 문제가 제기되었음. 정치권의 역할은 이 정도에서 멈추어야 함. 다양한 의견이 표출될 수 있지만 정치적

이슈로 확대됨으로써 공교육의 중립성에 대한 국민적 믿음이 흔들려서는 안 됨. 교육 문제에 있어 정치적 편향성을 띠는 대립은 좌편향이든 우편향이든 적절치 않음. 앞으로는 원칙과 절차에 따른 해결책을 모색하는 것이 바람직함.

그동안 정치권이 《한국사》 교과서와 관련된 모든 문제를 제기했으므로, 그 역할은 여기에서 그쳐야 하며 더 이상 정치적으로 끌고 가서는 안 된다는 지적이다. 이어 보고서는 국정제의 장점과 단점을 검토한다.

국정제의 장점으로는 '편향적인 가치관, 사회 구성원 사이의 이념적 갈등이 표출될 수 있는 부분을 교과서 편찬 과정에서 적절히 관리할 수 있음'을 제시하고 있지만, 나머지 장점들은 실용성이다.

이에 반해 국정제의 단점은 근본적이면서 본질적인 측면이다. '교과서 공급을 독점하는 것이므로 하나의 관점만을 강요할 가능성이 높다', '자유민주주의 이념과 맞지 않다', '교육에 있어 다양한 세계관과 가치관을 수용하기 어려울 수 있다', '사회적 합의를 위한 국가의 관리가 자칫 치우친 이념 홍보, 특정 정권의 치적을 미화할 수 있으며, 역사교육의 국가주의적 편향이 심화될 수 있다', '국가교육 과정에 대한 다양한 해석의 가능성이 제도적으로 차단되기 때문에 교육과정 적용의 획일화를 초래하여 교육의 다양성, 창의성을 저해할 수 있다'는 등의 문제점이 나열되어 있다.

어느 단체의 보고서일까? 언뜻 보기에는 국정제를 반대하는 측의 보고서로 보인다. 그러나 새누리당 여의도연구원에서 2013년에 쓴 '한국사 교과서를 둘러싼 논쟁과 해법'이라는 제목의 보고서다. 물론 이 보고서는《한국사》교과서 내용을 분석하면서 좌편향의 경향이 있음을 지적한다. 그러나 그 해법으로 제시하는 것은 국정제가 아니라 검인정제의 강화다. 그러면서 결론적으로 전문성을 가진 상설 독립기구인 교과서 전담기구(가칭 교과서위원회)의 설치를 제안한다. 이 기구가 개발·검정·공급은 물론 수정·보완까지 맡을 것을 권고하고 있다. 그래야 전문성을 바탕으로 사회적 갈등을 완화할 수 있다는 주장이다.

노명순 연구위원이 작성한 이 보고서의 끝부분에는 "새누리당의 싱크탱크인 여의도연구원에서는 우리나라의 정책 정당 발전을 통한 새로운 정치문화 구현에 기여하기 위하여 〈정책 리포트〉를 발간하고 있습니다. 원고의 내용은 필자 개인의 의견이며, 새누리당 및 여의도연구원의 공식 견해와 일치하지 않을 수도 있습니다"라는 소개와 단서 조항이 붙어 있다. 새누리당과 여의도연구원의 공식 견해는 아니더라도, 적어도 새누리당이 정책 정당으로 발전하기 위한 '정책 리포트'라는 점에서 기본적인 방향을 보여주는 것이라고 할 수 있다.

역사 교과서가 '좌편향'되었다고 비판하면서도, 그 해결 방향으로 정부기관으로부터 독립적인 교과서 기구의 설치를 제안한 보고서는 이전에도 있었다. 여의도연구원의 전신인 여의도연구소가 2006년에 발간한《초·중·고 교과서의 편향성 분석》이라는 보고서이다. 이 보고서는 고등학교 《한국근·현대사》는 물론 다른 사회 교과서, 중학교《역사》와《사회》, 그리고 초등학교《사회》교과서까지 광범위하게 좌편향되었다고 분석하고 그 대책을 제안했다.

보고서에서 제안하는 대책은 관련 기관 및 정치적 압력 등에서 독자적으로 활동할 수 있는 기구 또는 조직을 확보하는 것이다. 그래서 '교과용도서심의회'를 '교과용도서심의위원회'로 확대하여 교육부 산하 상설 독립기구화할 것을 제안한다. 심의위원은 관련 학계, 교육단체(교총, 전교조), 학부모 단체, 시민 단체, 관련 국책 연구소, 교육인적자원부 등으로부터 추천을 받아서 교육인적자원부 장관이 승인하도록 권고하고 있다. 교과서가 좌편향되었다는 진단은 같지만, 이에 대한 해결 방안은 정부의 간섭이나 통제에서 벗어날 수 있는 독립적인 기구의 설치라는 정반대의 해결책을 제시하고 있는 것이다.

이처럼 거듭해서 역사 교과서 문제의 해결 방안으로 독립적인 검정심의회 설치를 주장하던 새누리당(이전 한나라당)의 입장이 정부가 국정화 방침을 확고히 하자 앞장서서 이를 관철시키는 쪽으로 방향을 바꾼 것이다.

교과서가 학교 교육에 중요한 역할을 하는 만큼 교과서 발행제도에 대한 연구들도 교육 관련 기관을 중심으로 상당수 시행되었다. 한국교과서연구재단, 사단법인 한국검(인)정교과서, 한국교육개발원, 한국교육과정평가원 등에서 자주 교과서 관련 연구를 했다. 특히 한국교과서연구재단은 교과서 연구를 전문적으로 하는 기관답게 여러 차례 교과서 발행제도를 연구한 보고서를 냈다. 이들에는 교과서 발행제도의 장점·단점이나 여론조사 등이 담겨 있다.

보고서에 따라 교과목별 국정과 검정 발행 제안에서 차이는 있지만, 모든 연구가 교과서 발행제도를 더 자율화하여 다양한 교과서가 발행될 수 있게 해야 한다고 지적한다. 국정제를 검정제로 바꿔야 한다거나, 교과서가 국정제로 발행되고 있는 현실을 고려하여 그대로 유지하는 경우에도 자율화를 할 수 있는 방안을 모색해야 한다고 제안한다. 특히 2000년대 초에는 국정제, 검인정제, 자유발행제의 개선이나 시행 방안 연구가 모두 이루어져 참고할 만하다.

유학영 등은 《국정 도서 발행제도 개선에 관한 연구》(2003)에서 중·고등학교 국사 교과서를 그대로 국정제로 유지할 것을 권고한다. 그 대신 국정 도서 개발기관을 하나에서 2~3개로 복수화하여 여러 종을 개발한 후 교육 현장에서 선택할 수 있게 하는 방안을 제안한다. 그러나 이런 발행제도는 우리가 일반적으로 알고 있는 국정제와는 성격이 다른 것이다. 애초 이 연구는 어떤 발행제도가 바람직한가보다는 국정제도의 개선에 주안점을 둔 것이었다. 그러다 보니 국정제를 유지하되 여러 종을 펴내는 것이 바람직하다는 어정쩡한 결론을 내놓고 있다. 또한 이 연구에서 조사한 중등교사들의 의견은 국정제 유지보다 검정제 전환이 더 많았다.

2004년에 나온 조난심 등의 《초·중등학교 국정 도서의 검인정화 방안 연구》는 한국교과서연구재단의 지원을 받은 것이기는 하지만, 실제 연구는 교육과정을 만들고 역사 이외의 교과서 검정 업무를 맡고 있는 한국교육과정평가원 연구원들이 중심이 되어 이루어졌다. 이 보고서에서는 기본적으로 모든 과목의 교과서를 검인정으로 전환하는 것이 바람직하다고 보았다. 중등학교 국사 과목에 대해서는 다음과 같이 결론짓고 있다.

중등학교 국사과의 경우, 국사 교과서는 학교 교육의 자율성을 살리고 다양하고 풍부한 내용을 담는 자유발행제의 형태를 취하여야 하지만, 현재 여러 가지 여건을 고려할 때 점진적인 단계를 밟아 검정제에서 인정제로, 그리고 그 이후 자유발행제로 나아가는 방향이 바람직하다고 인식하고 있는 것이 공통된 의견이라는 점을 확인하였다.

이 보고서에 제시된 국정제의 장단점은 역사 교과서의 국정화가 과연 타당한지를 판단하는 데 참고가 될 것이다.

보고서의 내용은 다음과 같이 정리할 수 있다.

| 표 3-5 | 교과서 국정제의 장단점

장점	단점
① 국정 도서제는 국민 공통 기본 교육의 이념을 올바로 구현할 수 있다. ② 국정 도서제는 자원의 낭비와 출판사 간의 과다 경쟁을 막을 수 있다. ③ 교과용 도서를 안정적으로 생산·공급할 수 있다. ④ 국정 도서제는 교과용 도서의 질을 일정 수준 이상 유지할 수 있다.	① 국정 도서제는 교육과정 해석의 획일화를 초래하여 교육의 다양성을 저해한다. ② 국정 도서제는 독점 체제이므로 교과서의 질을 높이는 데 한계가 있다. ③ 국정 도서제는 교과서 집필 참여를 일부에게 제한하게 된다.

출처: 조난심 외, 《초·중등학교 국정 도서의 검인정화 방안 연구》, 한국교과서연구재단, 2004

〈표 3-5〉에 제시된 국정제의 장점은 국민 공통 기본 교육 이념의 올바른 구현 외에는 모두 실용성이다. 국민 공통 기본 교육 이념을 올바로 구현할 수 있다는 것은 결국 정부의 교육 이념을 전파하기 쉽다는 의미다. 이에 반해 국정제의 단점은 교육의 다양성 저해, 질 향상의 어려움, 집필 참여자의 제한 등의 더 근본적인 문제다.

이 보고서에 따르면 당시 국정이던 중등학교 교과서의 검인정 전환 의견을 조사했는데, 국사의 경우 우선적으로 검정으로 바꾸어야 한다는 데 찬성한 사람이 57.1퍼센트인데 반해, 검정으로 바꾸어서는 안 된다는 의견은 28.8퍼센트였다. 직위별로도 교사, 교육행정직, 연구자, 출판사, 학부모 모두 검정으로 전환해야 한다는 의견이 많았다. 특히 교사, 연구자, 출판사 등의 검인정 전환 찬성 비율이 높았다. 그러나 유독 교장·교감 집단만은 국사를 검정으로 바꾸는 데 반대하는 의견이 많았다. 문득 '서울중등교장평생동지회'라는 퇴직 교장 단체에서 역사 교과서 국정화 지지 선언을 했다는 보도가 떠올랐다. 국가의 지시에 따라야 한다는 생각을 가진 집단의 특성일 것이다.

이어 나온 곽병선 등의 《교과서 발행제의 다양화에 따른 자유발행제 도입 방안 연구》(2004)에서는 별도로 국사 과목의 교과서 발행제도를 논의하지는 않았지만, 교과서 발행에 자유발행제를 도입하는 방안을 제안하고 있다.

이들 보고서에서 눈에 띄는 것은 현재 《한국사》 교과서 국정화를 지지하는 사람들의 이름이다. 특히 자유발행제를 주장했던 곽병선 한국장학재단 이사장의 이름이 포함된 것은 극적인 전환이다. 곽병선은 2000년에도 '교과서 자유발행 빠를수록 좋다'는 내용의 논문을 써서 자유발행제의 도입을 주장한 바 있다. 문용린 전 교육부 장관이나 국정화 행정예고 당시 김재춘 교육부 차관도 자유발행제 보고서의 공동 연구원이다.

검인정화를 주장하는 보고서를 낸 홍후조 고려대학교 교수도 현재는 역사 교과서 국정화를 앞장서서 주장하고 있다. 하긴 이들만이 아니다. 교과서 발행제도에 대한 글을 찾다 보니 《한국사》 교과서 국정화 지지 교수 명단에 이름을 올린 허경철 전 한국교육과정평가원 본부장의 이름도 눈에 띈다.

허경철은 한국교육개발원 연구원이던 1989년에 한국2종교과서협회가 주최한 '교과서 제도의 개선 방향'이라는 세미나에서 '교과서 개발 정책의 문제점과 개선 방향'이라는 주제로 발표를 하면서 자유발행제를 주장했다. 이 발표에서 허경철은 당시 교과서 개발정책의 근본적인 문제점을 하나의 과목에 한 권의 교과서라는 '단일 교과서관'에 입각하여 수립되고 있다고 지적했다. 그리고 '탈단일 교과서관'은 궁극적으로 국정이나 검인정 제도보다는 자유발행제에 의해 그 정신이 구현될 가능성이 높다고 보았다. 허경철은 국정에서 검인정으로 그리고 검인정에서 자유발행제도로의 이행 또한 타당한 정책의 변화라고 주장했다.

이들이 지금은 생각이 바뀐 것인지, 아니면 생각은 여전히 같은데 역사 과목만 사정이 달라져서 국정화를 주장하는 것인지, 그것도 아니면 자신이 처한 위치나 그 밖의 이해관계를 고려한 것인지는 알 수 없다. 다만 국정제라는 제도의 성격은 그때나 지금이나 변함이 없다.

역사 교과서 발행제도 논의는 이 밖에도 교육부의 프로젝트로 시행되기도 했으며, 역사교육 개선 사업에서 교과서 발행제도의 문제가 지적되기도 했다. 국사가 오랫동안 국정을 유지해왔기 때문이다. 이 중 원칙적으로 교과서 국정제가 바람직하다는 주장은 전혀 없다. 예컨대 2004년 교육부 정책연구 과제인 〈초·중·고 국사 교육 현황과 발전 방안 연구〉 보고서에서는 역사를 사고하고 해석하고 판단하고 평가하는 탐구를 위해서는 점진적 단계를 밟아 '검정제 → 인정제 → 자유발행제'로 가는 방향이 바람직하다고 전제한다. 다만 검정제도 여러 가지 문제점이 있으므로, 현실적인 문제를 보완하여 검정제로 전환할 것을 권하고 있다. 여기에는 내용별, 수준별로 다양한 교과서 개발이 포함되어 있다. 적어도 한 종의 교과서가 아닌 여러 종의 교과서 개발을 요구하고 있는 것이다.

국정 국사 교과서 시절의 '국사 교과서 준거안' 개발자들도 당시 국정 교과서 발행제도를 검정제로 바꿀 것을 제안했다. 1986년에 나온 첫 번째 〈국사 교육 내용 전개의 준거안〉 연구 보고서에서는 "국사 교과서가 1종 도서로 발행되는 것은 그 긍정적인 측면보다 부정적인 측면이 더욱 심각하다는 견해가 점점 증가되어가고 있다. 이는 학계나 교육계의 일치된 현상이다"라고 전제하면서 국사 교과서의 2종 전환을 주장했다. 즉시 전환이 어려울 경우에는 교과서 집필을 다양화할 것을 요구했다. 이어 1994년에 나온 〈국사 교육 내용 전개의 준거안 보고서〉에서도 거듭해서 교과서의 편찬이 자유로워져야 한다고 하면서 국사 교과서의 2종 도서 전환을 권고하고 있다. 국사 교과서가 여러 종이 되어야 역사에 대한 관심이 높아지고, 연구를 활성화하고 학계의 연구 결과가 대중화로 쉽게 이어지는 계기가 될 것이라는 이유를 덧붙이고 있다. 이런 주장은 이후에도 한국사 교과서가 국정화될 때까지 계속되었다.

여기서도 눈길을 끄는 것은 이런 보고서를 작성한 사람 중 일부가 지금은 한국사 교과서 국정화를 지지하고 있다는 점이다. 1986년 보고서 연구원 중에는 현재의 국사편찬위원회 위원장인 김정배와 국정 《한국사》 교과서 대표 집필자로 알려진 신형식, 국정화 자문회의에 참석한 이기동 교수 등의 이름이 보인다. 1994년 보고서의 연구 책임자인 이존희 교수도 《한국사》 교과서 국정화를 지지하는 교수 명단에 있다.

국정화 찬성자들의 말 바꾸기

앞에서 국정제를 비판하고 검정제나 자유발행제를 주장하다가 역사 교과서 국정화를 찬성하거나 그 일에 앞장서는 사람들을 몇 명 보았다. 김정배 국사편찬위원회 위원장은 그중에서도 역사 교과서 국정화를 진두지휘하고 있기에 단연 눈에 띈다. 1970년대 박정희 정부의 국사 교과서 국정화를 반대한 사실도 눈에 확 들어온다. 서슬이 시퍼런 유신 시절이기 때문이다. 그만큼 1974년에 국사 교과서가 국정화되었을 때 드러내놓고 이를 비판한 학자는 몇 명 되지 않았다. 김정배 위원장은 그중의 하나였다.

당시 문교부가 국정화 방침을 발표한 직후인 1973년 6

월 25일 《동아일보》가 보도한 각계 여론에서 고려대학교 교수였던 김정배는 국정 국사 교과서가 다양성을 말살하고 획일성으로 나아갈 것이라고 비판하고, 소수자에 의한 교과서는 독단에 빠질 위험이 있다고 우려했다. 지금의 국정 역사 교과서는 다양성을 유지할 수 있고 다수에 의해 만들어지는 교과서라고 생각하고 있는지 궁금할 따름이다.

역사 교과서가 '좌편향'되었다고 앞장서서 비판하던 사람들의 말 바꾸기도 보통 수준을 넘는다. 이들의 일관된 논리는 자유민주주의다. 그런데 국가가 만드는 하나의 교과서만 존재하는 국정제가 자유민주주의 체제나 정신에 어울리는지 의문이다.

현재 한국현대사학회 회장인 이명희 공주대학교 교수는 《한국근·현대사》 교과서 시절부터 검정 역사 교과서를 비판하는 데 앞장섰던 인물이다. 그런데 역사 교과서 국정화에 대해서는 찬성한다. '올바른 국사 교과서 지지 지식인 500인 선언' 명단에 들어가 있는 것이다. 그렇지만 이명희 교수는 과거에는 정반대되는 주장을 했다. 이명희 교수는 2005년 9월 29일 '한국의 국사학계와 국사 교과서, 무엇이 문제인가'라는 주제로 열린 교과서포럼 제3차 심포지엄에서 당시 《국사》와 《한국근·현대사》 교과서 발행체제의 문제점을 지적하면서 그 개선 방안을 다음과 같이 제안했다.

또한 1종 교과서 제도는 특수 목적학교의 특정 교과 교과서처럼 수요가 극히 적어 민간에서 개발하기에는 여건이 조성되어 있지 않은 경우 등을 제외하고는 폐지되어야 하며, 검정제도도 단일한 검정 기준에 의해 비슷한 종류의 여러 가지 교과서를 합격시키는 방식을 지양하고, 학생들의 능력 수준이나 지역적 특성 등을 고려하여 다양한 검정 기준을 설정하여 다양성이 풍부한 교과서가 개발되도록 개선되어야 할 것이다.

당시에도 이명희 교수는 《한국근·현대사》를 비롯한 역사 교과서들이 좌편향되었다고 비판했다. 현재 《한국사》 교과서를 향한 비판과 마찬가지다. 그런데 이를 해결하기 위한 발행제도 개선 방안은 국정제 폐지와 교과서 다양화를 주장했다. 그러나 이에 앞서 한국교육과정평가원 연구원이던 김대중 정부 때는 교과서 자유발행제를 주장하기도 했다(이명희, 〈제7차 교육과정기 교과서 체제의 문제점과 개선 방향〉, 《역사교육》 82, 2002, 195쪽). 이에 반해 지금은 오히려 국정화를 주장하고 있다.

이명희 교수는 한 언론과의 인터뷰에서 국정화는 "정부가 택할 만한 합리적 방안 중 하나다", "현재의 '국가 통제 없는 검정제'가 최악이라고 할 수 있다"(《시사IN》, 2015년 9월 22일자)라고 하여 역사 교과서를 국가가 통제해야 한다고 주장하고 있다.

문제를 인식하는 것은 같은데 해결 방안은 정반대다. 역사 교과서를 국정으로 발행하는 것이 좋은가 검정으로 발행하는 것이 좋은가 하는 고민에서 나온 것이 아니라, 정부의 성향에 따라서 다른 방안을 제시한 것 아닐까?

국사편찬위원회는 11월 23일에 교사용 지도서를 포함하여 중학교《역사》교과서 26명, 고등학교《한국사》교과서 21명으로 집필진을 구성했다고 발표했다. 집필진 공모에 응모한 인원은 교수·연구원 37명과 현장 교원 19명 등 총 56명이고, 이 가운데 17명을 집필자로 뽑았다고 한다. 그리고 집필진 총인원(47명)의 약 63퍼센트(30명)는 초빙을 통해 선정했다고 한다.

교육부가 집필진 명단을 공개하지 않고 있기 때문에 아직까지 누가 국정 역사 교과서를 집필하는지는 알 수 없다.

그런데 이들 중에 또 말을 바꾸어야 하는 사람이 몇 명이나 될까? '국정이 좋은 것은 아니지만, 그래도 참여를 해야 그나마 나은 교과서가 나오지 않겠는가?'라는 자기 변론을 할까, 아니면 아무 말도 하지 않고 슬쩍 넘어가려고 할까?

우리 사회에서는 자기 행위나 발언에 대한 책임을 지지 않는 일이 흔하다. 어떤 때는 자신의 의지와 필요에 따라 말을 하고 정책을 집행하다가 사정이 달라지면 당시의 입장이나 지위에서는 어쩔 수 없었다고 변명한다. 역사 교과서를 국정제로 발행하는 것이 좋은지 아닌지의 사정이 1970년대나 1980년대와 지금이 달라졌을까? 그렇지만 국정이라는 교과서 발행제도는 1970년대나 지금이나 별반 달라진 것이 없다. 역사 교과서를 국정으로 발행하고 싶은 것이 정부의 의지라는 점도 마찬가지다. 그래서 어떤 '말 바꾸기'나 '얼버무리기'가 또 생겨날지는 계속 지켜보기로 하자.

4장

역사 교과서 문제, 어떻게 풀 것인가

1

순탄하지 않을 국정 역사 교과서의 미래

학계와 교육계, 시민단체 등의 반대에도 개의치 않고 정부는 2015년 10월 12일에 중학교《역사》와 고등학교《한국사》교과서를 국정화하겠다고 행정예고한 데 이어, 11월 2일에 정식으로 고시를 했다. 그사이에 여론을 수집하는 형식을 취했지만, 정해진 국정화 절차를 밟는 데 지나지 않았다. 교육부는 행정예고를 하기 전부터 이미 국정화 작업을 추진하기 위한 비공개 태스크포스 팀을 운영하기도 했다.

국민의 저항에 부딪힌 역사 교과서 국정화

—

교육부의 고시 이후 국정 역사 교과서 제작의 실무를 맡은 국사편찬위원회는 집필진을 구성하는 작업에 들어갔다. 11

월 23일에는 집필진 47명을 확정했다고 발표했으며, 30일에는 '중등 역사과 교과용 도서 편찬심의회'를 16명으로 구성했다고 밝혔다. 교육부가 발표한 국정 교과서 개발 일정대로라면 12월 초에 이미 집필 작업을 시작했을 것이다. 2017년 3월부터 사용한다든지, 비록 몇 달이기는 하지만 이전 중등 교과서에서는 없던 실험 적용 기간을 두겠다는 계획에 비추어 보면 지금 시작해도 상당히 급한 일정이다. 그렇지만 역사 교과서 국정화 추진은 이제까지 과정은 별개로 하더라도 앞으로도 순조로울 것 같지 않다.

우선 여론이 부정적이다. 조사기관과 질문 내용, 조사 시기에 따라 차이가 많이 나지만, 전체적으로 볼 때 한국사 교과서 국정화를 지지하는 사람보다는 반대하는 사람이 많다. 정부의 집중적인 홍보와 대통령의 적극적인 의지 표명, 일부 '유력' 언론들의 지원에도 불구하고 국정화 지지율은 좀처럼 올라가지 않고 있다. 논란이 계속될수록 오히려 반대하는 사람이 많아지고 있다. 새누리당의 지지율이 새정치민주연합보다 2배 높은 사실을 고려하면, 새누리당 지지자들 중에서도 국정화를 반대하는 사람이 상당수라는 것을 알 수 있다. 심지어 국정화 반대 홍보를 하거나 집회에 참가하는 중·고등학생들도 있다. 이래저래 국정화를 추진하는 입장에서는 부담스러운 상황이다.

역사학자와 역사 교사들의 반대도 국정 역사 교과서 제작 작업을 어렵게 한다. 다수의 역사학자들이 국정 한국사 교과서를 집필하지 않겠다고 선언했다.

정부나 보수 진영에서는 역사학자의 80~90퍼센트가 좌편향되었으며, 교과서 집필에 참가한 역사 교사들은 전교조 계열의 전국역사교사모임 소속이라는 논리로 몰아붙인다. 그렇지만 80~90퍼센트가 '좌편향'이라면 실제로는 그 사람들이 '정상'이고 나머지 사람들이 '우편향'이라고 할 수도 있다. 또한 전국역사교사모임이 교과서 시장을 장악했다는 것은 사실보다는 '느낌'이며, 실제로 그렇게 할 수 있는 힘도 없다. 정부나 사회 일부에서 집중 공격하는 상황에서 출판사가 이들을 특별히 선호할 이유도 없다. 그들의 주장대로 전국역사교사모임에서 활동하는 교사들이 대거 교과서 집필에 참여하고 있다면, 이는 오히려 역사교육 연구와 집필에 노력했다는 의미가 된다.

어쨌든 동료 역사학자들이 집필을 거부하고 있는 상황에서 국정 교과서 집필에 참여하겠다고 나서는 것은 부담스러울 수 있다. 이런 분위기를 감지한 교육부는 국정 교과서 집필자 명단을 공개하고 있지 않다. 이는 전례가 없는 일이다. 유신체제 때도 국정 《국사》 교과서 집필진 명단을 사전에 발표했다. "집필부터 발행까지 교과서 개발의 전 과정을 투명하고 개방적으로 운영할 계획입니다"라는 교육부의 공언은 시작부터 지켜지지 않은 셈이다. 집필진을 '학계 권위와 전문성을 인정받는 우수한 전문가'로 구성하겠다고 하지만, 좌편향되었다는 80~90퍼센트의 역사학자를 제외한 10~20퍼센트 역사학자들 가운데 여기에 해당하는 사람이 얼마나 있을지 의문이다.

학계와 사회단체, 법조계 일부에서는 역사 교과서 국정화가 위헌이라고 보고 헌법소원 제기를 준비 중이다. 그 결과가 어떻게 나올지 귀추가 주목된다. 헌법재판소의 판결 결과에 대해서는 예상이 엇갈린다. 법률가들 사이에서도 위헌 소지가 크다는 주장이 있고, 반대로 합헌 판결을 내릴 것이라는 예상도 있다. 언론에서는 이러한 판단 근거를 소개하고 있지만, 법 전문가들의 의견이 엇갈리는 상황에서 어느 편 주장이 옳은지 따져보는 것은 나의 능력 밖의 일이므로 생략하기로 한다.

흥미로운 점은 양측 모두 주장의 근거로 1992년에 있었던 중학교 《국어》 교과서 국정제가 위헌이라는 헌법소원 심판을 근거로 삼고 있는 것이다. 이 헌법소원 심판에서는 학생들의 학습권을 보장하기 위해 국가가 어떤 형태로든 교과서 문제에 관여하지 않을 수 없다는 이유로 국정제 합헌 결정을 내렸다. 그러면서도 국정제의 문제점을 조목조목 지적하며 국정제가 제한적으로 시행되어야 한다고 권고했다. 우선 국정 교과서 제도는 정부의 행정 관료에 의해 교과 내용 또는 교육 내용에 영향을 미칠 소지가 있으므로 교육의 자주성을 보장하고 있는 헌법과 모순될 수 있다고 판단했다. 또한 검정·인정제나 자유발행제와 비교할 때 국정제는 다음과 같은 문제점이 있을 수 있다고 열거했다.

① 학생들의 창의력 개발이 활성화되지 않고 경우에 따라 저해되거나 둔화될 우려가 있다.
② 상황 변화에 능동적·탄력적으로 대처하기 어렵다.
③ 자유민주주의의 기본 이념과 모순되거나 역행한다.
④ 교사와 학생의 교재 선택권이 보장되지 못하고, 그 결과 교과용 도서의 개발이 지연되거나 침체될 우려가 있다.

⑤ 교과서 중심의 주입식 교육 또는 암기식 교육이 행해지기 쉽다.

　국정제가 합헌이라고 판결을 내리면서도, 현재 역사 교과서 국정화를 반대하는 사람들이 지적하는 문제들을 거의 대부분 인정하고 있다. 이 때문에 재판관들은 국가의 국정 교과서 발행권은 학년과 학과에 따라 필요한 최소한도에 그쳐야 하며, 그것이 이런 문제점을 최소화하는 길이라고 권고했다. 그리고 "국정제도보다는 검·인정제도를, 검·인정제도보다는 자유발행제를 채택하는 것이 교육의 자주성·전문성·정치적 중립성을 보장하고 있는 헌법의 이념을 고양하고 아울러 교육의 질을 제고할 수도 있을 것"이라고 덧붙였다. 따라서 국정제를 채택하고 있더라도 설득력을 가진 다수의 학설이 있을 경우 하나의 교과서만 고집할 필요가 없다고 결론 내렸다.

　헌법재판소는 이런 과목의 사례로 국사를 들었다. 어떤 학설이 옳다고 확정할 수 없고 다양한 견해가 나름대로 설득력을 지니고 있는 경우 국사 교과서는 다양한 견해를 소개하는 것이 바람직하다고 했다. 당시 헌법재판관들도 국사 교과서는 국정제보다 검인정이나 자유발행제가 바람직하다고 본 것이다.

현재 사회 일각에서는 판결 근거의 타당성과는 별개로 근래 헌법재판소의 보수화 경향에 비추어 합헌 판결이 나올 것이라고 예측한다. 그래서 헌법소원 제기가 오히려 역사 교과서 국정화의 근거를 법적으로 확인하는 결과를 가져올 것이라고 우려하기도 한다. 그러나 설사 합헌 판결이 나오더라도 헌법재판소가 국정제의 문제점을 이미 인정한 이상, 그 결과와 상관없이 역사 교과서 국정화 비판은 계속되고 논란도 끝나지 않을 것이다.

위 헌법소원이 제기되었을 당시 국정 교과서는 고등학교 《국어》, 《도덕》, 《국사》, 《기술》, 《가정》이었으며, 중학교는 여기에 더해 《사회》가 국정으로 발행되었다. 중·고등학교의 《공업》, 《농업》, 《상업》, 《수산업》과 같은 실업 과목 교과서도 국정 도서였다. 20년 가까이 국정 교과서가 발행되어 국정제가 익숙한 시절이었고, 이를 대체할 만한 검정 교과서가 나오지도 않았다. 그런 시절에도 국사가 국정으로 발행되는 것은 적당하지 않다고 판단했던 것이다.

지금은 이미 검정제가 일반적인 교과서 발행제도이다. 사회도 훨씬 자율화되고 개방화되어 있다. 그럼에도 헌법재판소가 지적했던 국정제의 문제점들이 당시보다 줄어들었다고 보기는 어렵다. 이런 상황에서 국정화는 역사교육과 역사 인식을 둘러싼 사회적 갈등을 해소하기는커녕 심화시킬 것이 분명하다. 지금까지 국정화 추진 과정에서 그랬고, 또 앞으로도 그럴 것이다.

국정 역사 교과서가 발행되면 갈등은 줄어들까

—

그렇다면 국정 교과서가 나오고 나면 논란이 줄어들고 갈등도 어느 정도 해소될까? 정부에서는 그렇게 기대할 것이다. 지금은 이러쿵저러쿵 말이 많지만 막상 만들어진 교과서를 보면 달라질 것이라고. 그러기에 박근혜 대통령은 국회 시정 연설에서 "역사 왜곡이나 미화가 있다면 나부터 절대로 좌시하지 않을 것"이라고 단언하고, "일어나지도 않을 일을 두고 더 이상 왜곡과 혼란은 없어야 한다"라고 호소했다.

　어쩌면 집필에 참여한 사람들도 그런 생각일 것 같다. 지금 이름이 공개되면 거센 비난에 시달리고 동료 학자들도 등을 돌리겠지만, 교과서 내용을 보면 고개를 끄덕일 것이라고 생각할지 모른다.

그런데 과연 그렇게 될까? 먼저 국정화를 주장하는 쪽의 논리에서 시작해보자. 국정 역사 교과서는 현행 역사 교과서가 '좌편향'되었다는 것을 전제로 추진되고 있다. 그렇다면 적어도 지금의 교과서보다는 '우'로 가는 서술을 하게 될 것이다. 그것이 '정상화'이며, '올바른' 역사 교과서가 될 것이라고 생각할 테니까 말이다.

그런데 '좌편향'되었다는 공격을 반박하는 데 초점을 맞추어서 그렇지, 현행 검정 역사 교과서도 정부나 보수 세력의 비판을 의식한 흔적이 곳곳에서 나타난다. 교학사 교과서 문제가 불거졌을 때 민주화 운동 단체들은 이 교과서가 운동을 폄하하거나 진상을 감추고 있다고 비판했다. 하지만 엄밀히 분석해보면 다른 교과서들도 그런 비판을 받을 수 있다.

예를 들어 교학사 교과서는 제주 4·3사건을 축소·왜곡했다는 비판을 받았지만, 다른 교과서 중 일부도 4·3을 남로당이 벌인 사건으로 서술하거나 주민 학살의 주체를 명시하고 있지 않다. 그런데도 사회 일부에서는 검정 교과서들이 좌익 폭동 사건을 감추고 있다고 비판한다. 검정 역사 교과서가 좌편향되었으니까, 국정 교과서에 4·3을 남로당이 일으킨 폭동 사건이라고 기술한다면, 교육부가 말하는 '객관적 사실에 입각한 균형 잡힌' 내용이 될까?

이보다 더 근본적인 문제는 역사적 사실의 기본적 성격은 '진리'가 아니라 '해석'이라는 점이다. '객관적' 사실이란 해석을 통일하는 것이 아니다. 같은 역사적 사실도 다르게 서술될 수 있다. 이에 대해 현행 교과서의 토대가 되는 2009개정 역사 교육과정은 "학생 스스로 다양한 역사적 자료를 활용하여 능동적으로 학습하게 함으로써 과거에 대한 다양한 해석과 시각이 존재할 수 있음을 인식하게 한다" (2009개정 교육과정 중학교 '역사' 목표)라고 되어 있다. 2015개정 교육과정에서도 같은 말을 반복하고 있다.

물론 다른 학설이나 해석이 있더라도 대부분의 학자들이 지지하는 '통설'에 근거해서 교과서를 서술하면 된다. 그렇지만 통설이 애매하기도 하고, 팽팽하게 의견이 대립되는 경우도 있다. 이런 사실들을 교과서에 서술할 때 논란이 생겨난다. 국정 교과서라도 마찬가지다. 오히려 '국정'이기 때문에 문제가 훨씬 커질 수도 있다. 교과서가 바뀔 때 서술이 달라져서 혼란을 불러일으키기도 한다. 예를 들어보자.

근현대사에 비해 덜 관심을 받지만, 학계 일부에서는 국정 역사 교과서의 상고사 서술에 우려를 나타내고 있다. 학계의 '통설'이 아닌 사회 일부에서 주장하는 학설이 반영될 가능성이 있기 때문이다. 사회적 논란이 있다는 이유로 고조선에 관한 서술을 뺄 수는 없을 것이다. 그렇다면 단군신화에 나오는 고조선 건국을 사실로 받아들일 것인가, 아니면 '신화'로 쓸 것인가? 어느 쪽이 되건 간에 사회 구성원 전체가 납득하지 못할 것이다.

고등학교 《한국사》나 중학교 《역사》 교과서의 고조선 부분에서는 청동기시대를 대표하는 유물인 비파형 동검과 탁자식 고인돌의 분포 지역 지도가 나온다. 현재 이 지도의 제목은 '고조선 (관련) 문화 범위'다. 그러나 앞서 국정 《국사》 교과서들에서는 같은 지도의 제목을 '고조선의 세력 범위'라고 붙였다. '세력 범위'에서 '문화 범위'로 바뀐 것이다. 이는 검정 교과서이기 때문이 아니라 교육부의 지침에 따른 것이다. '세력 범위'와 '(관련) 문화 범위'는 상당한 의미 차이가 있다. 아마도 학계의 의견을 받아들여 '문화 범위'라고 수정했을 것이다. 그렇다면 '세력 범위'는 어떤 근거로 붙인 제목일까? 국정 《국사》 교과서가 나올 당시에는 학계가 이를 '세력 범위'로 보았는데 연구가 더 진행된 결과 통설이 바뀐 것인가? 그런 것은 아니다. 이 지도는 1990년부터 교과서에 실렸는데, 그 당시에도 통설은 아니었다. 국정 국사 교과서의 고조선 서술이 축소, 왜곡되었다는 사회 일부의 주장을 의식한 것일 뿐이다.

1862년 철종 때 전국에서 일어난 농민들의 봉기는 1990년 국정 국사 교과서에는 '임술민란'이라고 표기되었다. 그런데 1996년 나온 교과서에는 '임술 농민 봉기'라고 바뀌었다. 비슷한 시기 국사편찬위원회가 펴낸 한국사 개설서에는 '1862년 농민 항쟁'이며, 이후 나온 한국사 연구 입문서에는 '임술민란'이므로 정설이나 통설은 없다. 이 사건을 '난', '농민 봉기', '민중 항쟁' 중 무엇으로 부르는가에 따라 평가는 크게 달라진다. 역사가의 해석을 학생들은 그대로 받아들이게 된다.

물론 국정 교과서만 같은 역사적 사실의 서술이 달라지거나 용어가 바뀌는 것은 아니다. 검정 교과서에서도 같은 문제가 일어날 수 있다. 명확히 해둘 점은 국정이건 검정이건 간에, 이는 '진리'가 아니라 하나의 해석이고 관점이라는 것이다. 검정 역사 교과서는 교육과정이나 집필 기준,

검정 심사, 수정 의견 등에 의해 해석이 하나로 통일된다. 심지어 국정 교과서가 되면 국가의 공식적 역사 해석이 실리게 된다. 당연히 논란이 커질 수밖에 없다.

　이럴 가능성은 국정으로 발행되고 있는 초등학교 5학년 2학기 《사회》 교과서에서도 드러난다. 초등학교 5-2와 6-1 《사회》는 전체가 한국사 내용으로 구성된다. 현재는 5-2 교과서만 발행되었지만, 실험본 교과서가 이미 공개되어 학계의 비판을 받았다. 교과서 저자들도 실험본에 대한 지적들을 검토해서 집필에 반영했을 것이다. 실제로 5-2 《사회》 교과서에는 실험본과 상당 부분 다른 내용들이 있다. 그럼에도 정식으로 발행된 교과서도 오류가 많다는 학계의 지적을 받았다. 지적 사항 중 일부에 대해 교육부에서 반박 자료를 발표하기도 했다. 초등 《사회》 교과서 내용을 분석하는 것이 이 책의 목적은 아니므로 구체적인 분석 내용이나 이를 둘러싼 논란은 생략한다. 다만 학계에서 지적한 부분이 사실관계의 오류, 학설의 문제, 관점이나 해석, 문장 표현 등이었음을 염두에 둘 만하다. 학설이나 해석이 국정으로 해결될 수 없음을 보여주는 것이다.

정말로 '올바른' 역사 교과서의 방향

교육부는 국정 역사 교과서를 '올바른 역사 교과서'로 부르기로 했다고 한다. '국정'이라는 말이 주는 거부감을 없애는 한편, 기존 검정 역사 교과서에 대한 거부감을 심어주기 위한 목적일 것이다. 교과서에 '올바른'이라는 표현을 쓰는 것이 적절한지 의문이며, 어떤 교과서가 '올바른 교과서'인지 잘 모르겠지만, 그런 표현이 성립한다면 정말로 '올바른' 역사 교과서, '올바른' 역사교육이란 어떤 것일까?

'올바른' 역사교육을 위한 교과서 발행제도

교육부나 국정 역사 교과서를 지지하는 사람들의 문제의식에 전적으로 동의하는 부분이 있다. 현재 역사 교과서 발행제도는 문제가 많으므로 바꾸어야 한다는 것이다. 그러나 문제가 무엇이며, 이를 해결하기 위해 역사 교과서 발행제도를 어떻게 바꾸어야 하는지에 대한 생각은 천양지차다. 그런데 아이러니하게도 앞 절에서 살펴보았듯이 국정화를 반대하는 쪽이건 찬성하는 쪽이건 이전에는 비슷한 방향으로 제도 개선을 제안했다. 다만 상황이 변하자 주장도 달라진 것이다. 정말로 '올바른' 역사 교과서가 나오려면 발행제도는 어떤 방향으로 바뀌어야 할까? 헌법에서 교과서 발행제도 개선 방안의 출발점을 찾아보자.

대한민국 헌법 제31조 ④항에는 교육의 자주성·전문성·정치적 중립성이 규정되어 있다. 앞에서 살펴본 국정제에 대한 헌법소원심판 청구 판결에서, 헌법재판소는 헌법이 교육의 자주성·전문성·정치적 중립성을 보장하고 있는 이유는 "교육이 외부 세력의 부당한 간섭에 영향받지 않도록 교육자 내지 교육 전문가에 의하여 주도되고 관할되어야 할 필요가 있다는 데서 비롯된 것"이라고 해석했다. 그리고 "특히 교육의 자주성이 보장되기 위하여서는 교육 행정기관에 의한 교육 내용에 대한 부당한 권력적 개입이 배제되어야 할 이치"라고 덧붙였다.

헌법재판소의 이러한 해석은 교과서 발행제도가 어떤 방향으로 나아가야 할지 보여준다. 가급적 외부 세력, 특히 권력의 개입을 배제하고 교육자나 교육 전문가들의 손에 맡겨야 한다는 것이다. 사실 교과서 발행제도가 이런 방향으로 가야 한다는 제안은 교과서 발행제도를 연구한 대부분의 글은 물론, 새누리당(이전의 한나라당)의 보고서나 현재 국정화를 주장하는 상당수 사람들이 지난날에 했던 주장이다. 역사 교과서 발행제도를 이런 방향으로 바꾸기 위한 몇 가지 조건을 살펴보자. 이는 역사 교과서뿐 아니라 교과서 발행제도 전반의 문제다.

첫째, 교과서 발행제도를 지금보다 더 자율화해야 한다. 현재의 검정제보다는 인정제, 인정제보다는 자유발행제가 질 좋은 교과서를 개발할 수 있다. 그러나 현실적으로 당장 인정제나 자유발행제를 채택하기 어렵다면 검정제의 통제 장치를 완화해야 한다. 그래야 교과서의 획일화를 막고 다양한 교과서의 제작을 유도할 수 있다.

이를 위해서는 교과서 발행에 대한 교육과정과 집필 기준의 구속력을 줄여야 한다. 교육과정이 개정되면 반드시 교과서를 바꾸어야 하는 원칙을 없애고, 반대로 교육과정이 바뀌지 않더라도 사회의 변화나 교육적 필요에 대한 집필자의 판단으로 교과서를 개편할 수 있어야 한다.

집필 기준은 교과서 서술의 참고사항 정도가 되어야 하고, 집필 기준을 지켰는지의 여부를 심사 항목으로 삼지 말아야 한다. 그리고 교과서 내용을 수정하는 데 교육부 장관의 승인을 얻는 절차를 없애거나 완화해서 기본적으로 집필자의 책임하에 이루어지도록 해야 한다.

둘째, 검정 업무를 교육부나 행정부서가 아닌 전문성을 가진 독립 기구에 맡겨야 한다. 이 방안은 검정제도 개혁에 대한 논의가 나올 때마다 으레 거론되었다. 앞에서 살펴본 한나라당(새누리당)의 보고서에서도 이 방안이 제시되었으며, 교과서 발행제도의 개혁을 논하는 일반 연구들에서도 비슷한 방안이 제시되고 있다.

특히 역사와 같이 정치권력을 비롯한 외부의 압력을 받을 수 있는 과목의 교과서 검정 업무일수록 전문성을 가진 독립적인 검정 기구가 필요하다. 역사학자와 역사교육자, 교사를 중심으로 교육 전문성을 가진 일반 시민이 참여하는 '역사 교과서 검정위원회'를 구성할 수 있을 것이다. '역사 교과서 검정위원회'는 심의 대상 교과서에 대해 탈락 여부를 결정하는 것이 아니라 평가 의견을 작성하여 공개한다. 각 학교에서는 이 평가 의견을 참고하여 교과서를 채택할 수 있다.

셋째, 교과서 개발에 도움을 줄 수 있는 행정적 지원이 요구된다. 한국 사회는 역사 교과서에 대한 관심이 세계 어느 나라보다 높지만 편수 기능은 약하다. 그 이유는 편수 업무가 검정 심사를 하거나 교과서 개발과 발행, 보급의 관리·감독에 치중되어 있기 때문이다. 이에 반해 교과서 개발 지원 사업은 미약하다.

역사교육의 내용은 다른 교과보다 새로운 연구 결과에 많은 영향을 받는다. 역사 해석이나 평가가 달라지고, 역사적 사건이나 문화재 용어 등이 바뀌기도 한다. 역사학자나 역사교육 전공자, 교사 등의 전문가들이 교과서 집필에 참여하더라도 학계의 연구 성과를 일일이 확인하기는 어렵다. 이 때문에 역사 교과서의 사실관계 오류나 새로운 연구 성과를 제대로 반영하지 못하는 일이 발생한다. 교육부에 이 업무를 전담할 일정한 수의 전문가를 두어 이들로 하여금 교과서 발행을 지원할 수 있게 해야 한다.

현재 교과서의 검정 심사에서는 연구위원을 두어 기초

적인 사실관계를 확인하는 '내용 조사' 작업을 하고 있다. 이들은 역사적 사실에 전문성을 가진 역사학자로 구성되어 있지만, 검정 심사 때 위촉을 받아 짧은 시간에 교과서 내용의 사실관계를 확인해야 하는 문제가 있다. 교육부에 상시적으로 이런 업무를 담당하는 전문성을 가진 편수관을 두어 기능을 확대해야 한다.

이들은 교과서에서 서술해야 할 중요한 역사적 사실들을 정리하고, 새로운 연구 성과를 검토하며, 교과서 내용의 사실관계 오류를 확인한다. 교과서에 들어갈 자료를 개발할 수도 있다. '역사 교과서 자료실' 같은 것을 두어 이런 자료들을 교과서 집필에 참고할 수 있게 축적한다. 집필자나 발행자, 교사 등 교과서 개발에 참여하는 사람들이 필요한 정보를 공유하고 활용할 수 있도록 한다. 통제 위주에서 지원 중심의 교과서 편수 업무로 전환하는 것이다.

넷째, 교과서의 성격을 다양화해야 한다. 교과서는 학교에서 학생들의 학습을 위해 사용되는 책이다. '교과서'에서 범위를 '교과용 도서'로 넓혀보자. '교과용 도서에 관한 규정'에는 교과용 도서의 범위를 교과서와 지도서로 규정하고 있다. 교과서는 "학교에서 학생들의 교육을 위해 사용되는 학생용의 서책·음반·영상 및 전자 저작물"이고, 지도서는 "학교에서 학생들의 교육을 위하여 사용되는 교사용의 서책·음반·영상 및 전자 저작물"로 정의한다. 서책, 음반, 영상, 전자 저작물은 외적 형식을 열거한 것이므로, 교과용 도서를 가리키는 핵심 대목은 '학생들의 교육을 위해 사용되는'이다. 이런 성격을 기준으로 하면, 교과서는 자료집이 될 수도 있고, 탐구활동을 위한 안내서가 될 수도 있다. 학생들의 학습에 도움이 될 수 있는 여러 형태의 교과서를 펴낼 수 있는 제도와 행정적 조치를 마련해야 한다.

학생들이 읽는 기본적인 교과서는 검정 도서로 하고, 자료집의 성격을 띠는 교과용 도서는 인정 도서로 하는 것이 바람직하다. 그래야 지역과 학교, 학생 들의 특성을 살리면서 선택적으로 활용할 수 있는 다양한 교과용 도서를 개발할 수 있다. 탐구활동을 위한 안내서는 인정 도서로 개발하거나, 학교나 교사가 자체적으로 제작한다. 그리고 이들 도서를 '교과용 도서'로 수업에서 자유롭게 활용할 수 있게 한다. 교사가 지나치게 자신의 역사관이나 역사 해석을 개입시킬 여지가 있다면, 지역 교육청에서 '교과용 도서 심의위원회' 같은 기구를 운영하여 검토하면 된다.

역사적 사고의 경험을 제공하는 교과서

—

역사 교과서가 어떤 방향이 되어야 하는가는 역사교육을 보는 관점과 밀접한 관련이 있다. 국정화 문제로 시끄러운데 역사교육을 보는 관점과 역사 교과서의 방향을 논의하는 것은 너무 원론적이고 한가해 보일지도 모른다. 그러나 역사 교과서 국정화 방침은 왜 학생들에게 역사를 가르쳐야 하는지에 대한 고민이 없기 때문에 나오는 것이다. 단순히 역사 교육은 역사 지식을 학생들에게 전달하는 것이고, 학생들의 역사관이나 역사의식은 그 지식을 받아들임으로써 자연스럽게 형성된다는 생각을 가질 때, 국정 역사 교과서에 집착하게 된다.

역사교육의 성격을 바라보는 교육부의 관점은 국정화 논리에서 나타난다. 교육부가 내세우는 역사 교과서 국정화 논리 중 하나는 학생들의 수능 부담 경감이다. 현재 8종의 교과서가 1종으로 줄어들고, 수능 문항을 교과서의 핵심 내용을 중심으로 출제하겠다는 것이다. 언뜻 듣기에는 그럴 듯하다. 역사 교과서가 너무 많은 내용을 담고 있어서 학생들의 학습 부담을 가중시킨다는 지적이 있었기 때문이다. 더구나 2017년 입시부터 한국사가 수능 필수과목이 되므로 이런 부담은 더 커질 수 있다. 그래서 학생이나 학부모는 귀가 솔깃할지도 모르겠다. 혹시 한국사를 수능 필수로 바꾼 것도 이런 의도였나 의심하는 목소리도 있지만, 설마 그렇게까지 생각하지는 않았을 것이다. 수능 문제를 핵심 내용 중심으로 쉽게 출제하는 것은 교과서 발행제와 상관없는 문제이므로 논외로 하더라도, 이런 의문이 들 수밖에 없다. 역사 교과서가 국정 1종이 되면 학습 부담이 줄어들까?

현재 고등학교 역사 교사들은 종종 자기 학교 교과서 외에 다른 출판사의 교과서를 참고하여 가르치는 경우가 있다. 그렇지만 다른 교과서를 참고하는 것이 역사적 사실을 추가로 가르치기 위한 목적인 경우는 없다. 대부분 자기 학교 교과서에 실려 있는 자료 외에도 다른 자료를 참고하기 위한 것이다. 교과서가 반드시 알아야 할 역사적 사실을 담은 성전(聖典)이 아니라 하나의 자료집이 되어야 한다는 말은, 교사뿐 아니라 학교 교육에 관심이 있는 사람이라면 익히 들어보았을 것이다. 교육부, 교육청, 교육학자 들이 누누이 하는 말이다. 그만큼 수업에서 다양한 자료를 활용할 것을 권장한다. 여러 종의 교과서가 존재하는 검정제 체제에서, 자기 학교가 채택한 교과서 이외의 교과서는 역사 수업에서 자료를 제공하는 역할을 한다. 학생들은 자기 교과서뿐 아니라 다른 교과서에 나오는 자료를 보고 탐구활동을 하고 역사적 사고를 확장해나갈 수 있다.

그런데 교육부는 '수능 부담 경감'을 내세우며, 교과서가 한 종이면 그 안에 담겨 있는 핵심적 사실만 알면 된다고 주장한다. 다양한 자료 활용을 권장하면서도, 다른 교과서의 자료를 활용할 필요가 없다는 모순된 주장을 하는 것이다. 더구나 단일 국정 교과서가 되면 학생들은 교과서에 실린 내용만 배우게 될 것이고, 이는 역사적 사실을 암기하는 교육으로 이어질 수밖에 없다. 본문뿐 아니라 읽기 자료나 탐구활동을 위한 자료도 암기의 대상이 될 가능성이 높다.

2015개정 교육과정은 '핵심 역량'을 강조한다. 교과별로 학교 교육이 추구하는 인간상을 기르기 위한 핵심 역량을 제시한다. '핵심 역량'의 의미를 구체적으로 설명하고 있지 않지만, 그동안 역사교육에서 강조해오던 '사고'와 별 차이가 없어 보인다. 중학교 《역사》와 고등학교 《한국사》에서는 역사 사실 이해, 역사 자료 분석과 해석, 역사 정보 활용

및 의사소통, 역사적 판단력과 문제 해결 능력, 정체성과 상호 존중을 중요한 역량으로 제시하고 있기 때문이다. 교육과정이 제시하는 역사 과목의 이런 '역량'들은 역사교육 연구들이 분류한 역사적 사고의 5개 영역을 열거한 것이다. 교육과정의 내용 체계나 단원별 성취 기준이 역사적 사고의 이러한 영역과 어떻게 연관되는지는 명확하지 않지만, 역사교육이 지식의 전달이 아니라 사고의 경험을 제공해야 한다는 주장은 이미 보편화되었다. 지식 전달 도구로서 교과서의 가치도 갈수록 줄어들고 있다.

역사교육을 통해 길러야 할 사고는 비판적 사고다. 비판적 사고는 주어진 규범이나 행동 양식, 진술 등에 의문을 가지거나 회의적으로 보는 생각이다. 기존의 사고방식을 당연하게 받아들이지 않으며, 의문을 가지고 자신의 관점에서 꼼꼼하게 비판적으로 사고하라는 것이다. 역사 교과서는 학생들이 비판적 사고를 할 수 있는 기회를 제공해야 한다.

비판적 사고의 대상은 두 가지다. 하나는 자료, 즉 텍스트가 다루는 역사적 사실에 대한 비판이다. 역사적 사실은 지난날 인간이 사고를 통해 선택한 결과다. 학생들에게 과거 행위자의 선택을 비판적으로 검토할 기회를 제공해야 한다. 다른 하나는 텍스트나 자료에 대한 비판이다. 텍스트의 내용을 그대로 받아들이는 것이 아니라 거기에 들어 있는 저자의 관점을 해석하고 비판하는 것이다. 교육과정에서 거듭 강조하는 '과거에 대한 다양한 해석과 시각이 있을 수 있다는 것을 인식'하는 것이 비판적 사고의 바탕이며, 비판적 사고의 결과다. 역사 교과서는 이러한 비판적 사고의 경험을 학생들에게 제공할 수 있어야 한다.

역사 교과서가 이런 기능을 하기 위해서는 내용을 어떻게 구성해야 할까? 역사적 사실을 나열하고 망라하기보다는 사고의 경험을 다양화해야 한다. 예를 들어 중학교 역사 교과서에서 역사적 행위자의 선택을 평가할 수 있도록 역사적 사실을 내러티브 중심으로 구성한다면, 고등학교에서는 사회 문제와 연결하는 주제 중심의 내용으로 구성함으로써 학생들이 접하는 사고 경험의 성격을 달리하는 것이다. 교과서 내용은 텍스트와 학생 간의 상호작용을 촉진하고 내용을 다원적 관점에서 읽고 해석하여 자기 나름의 역사 인식을 가질 수 있도록 서술되어야 한다. 교과서 내용이 절대적 '진리'가 아니라 하나의 해석이라는 것을 학생들이 받아들일 수 있도록 서술하고, 역사적 사실을 연구하는 역사가의 사고 과정을 학생들이 파악할 수 있도록 해야 한다. 다시 말해 교과서 내용의 권위를 약화시키고 상대화하는 역사 서술이 필요하다.

'국가'라는 권위 기관이 펴내는 단일 국정 교과서는 민간에서 여러 종을 펴내는 검정 교과서보다 훨씬 강력한 권위를 가진다. 교과서 내용의 정당성이나 신뢰성을 떠나서 모든 학생들이 똑같은 하나의 역사를 배우기 때문이다. 설사 국정 교과서 내용을 가지고 역사적 사실을 비판적으로 사고할 수 있다고 하더라도, 텍스트 내용을 비판적으로 사고할 수 있는 기회는 원천적으로 배제된다. 교과서에 절대적 권위를 부여하는 국정제가, 역사 교과서 발행제도로 적절하지 않은 근본적인 이유다.

교과서는 학자와 교사에게 맡겨라

역사 교과서 국정화를 둘러싸고 벌어진 사회적 갈등과 논란은 이제 '긴급' 사항을 넘어서 일상적 문제로 전환한 듯하다. 언론의 관심이나 보도도 한결 줄어들었다. 그렇지만 그만큼 장기적이고 일상적인 문제가 될 전망이다. 교과서 집필 기준이 발표되면 다시 한 번 관심이 집중되고, 국정 교과서 초고의 내용이 알려지면 논란이 일 것이다. 국정 교과서가 정식으로 발행된 다음에도 논란은 끝나지 않을 것이다.

교육청들이 국정 역사 교과서를 보완하기 위한 목적으로 추진하고 있는 인정 도서를 수업에 사용하는 방안을 둘러싸고 교육부와 교육청, 교사와 학교장 사이에서 논란이 벌어질 가능성도 높다. 그리고 장차 국정 교과서를 다시 검 정으로 환원해야 한다는 주장이 나오면서 논란은 이어질 것이다. '도대체 왜 역사 교과서를 국정으로 바꾼다고 해서 이렇게 난리를 치게 만드는가?' 하는 생각이 든다.

박근혜 정부가 내세우는 취지와 달리 국정화는 역사 교 과서를 둘러싼 사회 갈등을 해소하는 것과는 정반대로, 갈 등을 확산시키고 국민을 분열시키고 있다. 국정화를 둘러 싼 논란은 이를 그대로 보여준다. 정부가 사회적 논란과 거 센 반발을 무시하고 역사 교과서 국정화를 강행하는 것은 합리적 사고를 하지 않으려는 탓이다. 국민의 의견을 받아 들여 합리적인 정책 결정과 집행을 하기보다는, 대통령의 생각에 동의하지 않는 사람들은 의사소통의 대상에서 배 제해버린다. 그런 국민이 소수라고 하더라도 끌어안아야 할 텐데, 다수의 생각인데도 전적으로 무시하겠다는 강력 한 의지의 표현이다.

역사 교과서 국정화와 이를 둘러싼 논란을 보면서 여러 가지 생각이 머릿속을 오간다. 책을 마무리하면서 그런 생 각들을 다시 이야기해보자.

첫째, 역사 교과서는 과연 어떤 책이어야 하는가? 역사 교과서는 학생들에게 '진리'를 가르쳐야 하는가, 사고의 경험을 제공해야 하는가? 역사 교과서의 내용에 대한 평가가 다른 것은 역사 인식의 차이에서 비롯된다. 역사 인식에는 역사적 사실에 대한 해석과 평가가 들어간다. 그런데 역사 교과서 국정화를 주장하는 사람들은, 교과서 내용을 학생들에게 그대로 전달해야 한다고 생각한다. 교과서 내용은 '진리'라는 교과서관이 깔려 있는 것이다.

역사를 포함한 인문사회 교육의 가치는 학생들의 사고를 넓히는 데 있다. 역사 교과서는 지난날 인간의 삶을 서술한다. 교과서가 담고 있는 역사적 사실은 인간의 사고 결과다. 학생들은 교과서 내용을 통해 과거에 살았던 사람들의 생각을 비판적으로 검토하고 자신의 관점에서 사고를 한다. '진리'의 역사 교과서관은 역사교육의 이런 가치를 부정한다.

둘째, 역사 교과서에 서술된 지식은 어느 정도 가치가 있는가? 역사적 사실을 담는 데 치중하는 것은 역사 교과서의 고질적 문제라는 비판이 오래전부터 계속되었다. 물론 학생들이 역사적 사실 자체를 기억할 필요가 없다는 의미는 아니다. 문제는 교과서가 어떤 사실을 담아야 하며, 그 사실을 학생들이 얼마나 기억할 만한 가치가 있는가 하는 점이다. 이를 정하는 데는 사회 구성원의 다양한 판단이 작용한다. 역사가는 교과서가 서술해야 할 역사적 사실이 무엇인지 판단하며, 교과서의 어떤 사실이 기억할 만한 가치가 있는지 판단하는 주체에는 학생 자신도 포함된다. 물론 그 밖의 사회 구성원들의 의견도 고려해야 한다. 그런데 국정 역사 교과서는 이런 판단을 국가 차원에서 통일하겠다고 하는 것이다.

셋째, 역사 교과서 국정화를 둘러싼 논란에서 교사는 배제되고 있지 않은가? 국정화 반대 서명을 하는 등 자신들의 의사를 표현하고 있으며 교과서 집필에도 대거 참여하고 있는데, 무슨 말이냐고 반박할지 모르겠다. 교사는 교실 현장에서 교과서를 가르치는 사람이다. 교과서 집필자가 학계의 연구 성과, 교육과정, 집필 기준 등을 해석해서 교과서를 쓰는 것과 마찬가지로, 교사는 그 내용을 해석하고 변형해서 수업을 한다. 역사적 사실을 '수업 내용'으로 구성하는 것이 교사다. 그러기에 수업에는 교사가 가지고 있는 역사관, 교사의 역사 지식, 수업 방법 등의 요인이 반영된다. 교과서가 수업에서 적절한지 아닌지는 교사가 판단할 몫이다. 역사나 그 밖의 지식, 학교 교육의 목적이나 교육 방침에 대한 해석, 즐겨 사용하는 수업 방식에 따라 교사가 선호하는 교과서가 달라진다. 이 교사에게 적합한 교과서가 다른 교사에게는 부적합할 수도 있다.

국정 역사 교과서는 한 종이다. 아무리 잘 만든다고 하더라도 한 종의 교과서가 모든 교사에게 적합할 수는 없다. 국정 역사 교과서가 검정 교과서보다 '바람직한' 교과서가 될 것 같지는 않지만, 설사 그런 평가를 받더라도 이는 교사를 배제한 논의일 뿐이다. 그러고 보면 학생에 따라서도 '좋은' 교과서가 달라질 것이므로, 이 논의에는 교사뿐 아니라 학생도 배제되어 있는 셈이다.

하나의 역사가 되는 순간, 역사는 역사로서 가치를 잃는다. '좌'건 '우'건, '진보'건 '보수'건 간에 합리적인 학자라면 누구나 여기에 동의할 것이다. 우리나라에도 잘 알려진 미국의 진보적 역사학자 하워드 진(Howard Zinn)은 이렇게 말한다.

나는 일찍부터 역사를 연구하는 모든 사람이 어떤 특정한 관점에서 역사를 연구하고 특정한 관점에서 사실을 선별하며, 사실이 제시되는 순간 그것은 더는 순수한 사실이 아니기 때문에 순수한 사실을 얘기할 수 없다고 생각했습니다. 제시되는 순간, 사실에는 어떤 판단이 끼어들지요. 어떤 사실은 널리 알릴 만큼 중요하지만 또 다른 사실은 그 정도로 중요하지는 않다는 판단이 개입합니다.

(하워드 진·도날도 마세도 지음, 김종승 옮김,
《하워드 진, 교육을 말하다》, 궁리, 2008, 107쪽)

물론 그렇다고 사실의 선택을 자기 마음대로 해도 된다는 뜻은 아니다. 역사적 사실에는 기본적으로 역사가의 선택이 작용하며, 이 선택에는 판단이 개입한다는 뜻이다. 국가가 이 선택을 하나로 만드는 순간, 역사적 사실은 역사의 속성을 잃어버린다. 이런 역사는 과거는 물론 미래까지도 구속한다.

냉전사가로 유명한 미국의 보수적 역사학자 존 루이스 개디스(John Lewis Gaddis)는 《역사의 풍경》이라는 책에서 다음과 같이 말한다. 교과서포럼 운영위원이었으며 한국현대사학회 창립준비위원으로, 검정 역사 교과서 비판에 앞장섰던 강규형 교수가 번역한 책이다.

역사가들이 과거에 대한 해석을 놓고 서로 논쟁할 때 그들은 또 다른 차원에서, 즉 일어난 일에 대한 단 한 가지 설명만이 유효하다는 가능성으로부터 과거를 해방시킨다. (……) 역사가는 역사 만들기—그리고 역사의 서술까지도—가 끝났다고 역사의 의미까지 결정되는 것은 아니라는 것을 보여주고 있다. 이것이 역사 해방이다.

이런 과거의 해방이 이루어지지 않을 경우, 역사가는 물론 일반인도 또 다른 유령에게 괴롭힘을 당할 것이다. 이 유령은 우리를 존경하기는커녕 기억하지도 않는 미래라는 감옥에 갇힌 우리 자신의 괴로운 영혼이다.

(존 루이스 개디스 지음, 강규형 옮김, 《역사의 풍경》, 에코리브르, 2004, 210~211쪽)

교육부는 99.9퍼센트의 역사, 즉 거의 모든 학생들이 보는 교과서 내용이나 관점이 같아서 검정의 장점인 다양성을 상실했다고 말한다. 일부는 맞는 말이지만 전적으로 동의하지는 않는다. 교육과정이나 집필 기준 때문에 교과서의 단원 구성이나 내용 요소 등은 비슷하지만, 구체적 사실의 인식과 서술에는 차이가 있다. 자료의 구성이나 탐구 활동 등 교수·학습의 방안까지 포함하면 차이는 더 커진다. 설사 교육부의 주장대로 검정 교과서들 사이에 차이가 없다고 하더라도, 이 문제를 해결하는 길은 하나가 되지 않게 만드는 것이지 또 다른 '하나'를 만드는 것이 아니다. 그 해결 방안은 거듭 말했듯이 교과서에 대한 규제를 푸는 것이다.

역사 교과서 국정화 논란을 보면서 정말로 우려되는 것이 있다. 이런 논란이 역사교육에 대한 혐오를 불러일으키지 않을까 하는 점이다. 논란을 지켜본 학생들이, 과거 사람들의 선택을 판단하고 비판적으로 사고하는 대신 교과서 내용을 수동적으로 기억하는 게 낫겠다고 여기지 않을까 하는 우려다. 논란에 지친 시민들이, 그 이상을 공부하고 생각하는 것은 공연히 사회 갈등 속에 빠지게 될 수 있다고 여기고 체념할 가능성이다. 이럴 때 역사교육의 가치는 단지 수능 시험만을 위해 존재하게 된다. 역사 공부는 교과서에 서술되어 있는 과거 사실을 암기하면 될 뿐이고, 그 이상은 필요하지 않게 된다.

대학에 역사학이나 역사교육이라는 전공이 있고, 중·고

등학교 교사가 과목별로 분류되는 것은 전문성을 인정하기 때문일 것이다. 교사가 '전문직'이라고 강조하는 것이 교육부가 아니던가? 역사학자와 역사 교사를 불신하고 역사교육에 대한 혐오를 심어주며, 그 결과로 학생들의 역사 공부를 단순히 암기하는 것으로 몰아가서 얻는 이익이 무엇인가?

역사교육과 역사 수업은 역사학자나 교사 등의 전문가에게 맡겨야 한다. 그것이 역사 교과서 문제를 해결하는 길이다. 검정 역사 교과서를 비판하는 사람들은 현대사가 역사학자의 전유물이 아니라고 한다. 나는 그 말에 동의한다. 마찬가지로 현대사는 또 다른 소수의 전유물은 더욱 아니다. 정치적 고려와 같은 특정 목적을 위한 것이 아님은 말할 나위도 없다. 역사교육과 교과서는 학생들을 위한 것이고, 시민들을 위한 것이고, 나아가서는 민주사회를 위한 것이다.

교과서

《심상소학국사보충교재(1)·(2)》, 조선총독부, 1920 · 1921.

《중등국사(저학년용)》, 조선총독부, 1942.

《초등국사(6학년용)》, 조선총독부, 1944.

《초등국사》, 미군정청 학무국, 1945.

진단학회, 《국사교본》, 미군정청 학무국, 1946.

《실업계 고등학교 국사》, 문교부, 1968.

《국사 5》, 문교부, 1972.

《국사 6》, 문교부, 1972.

《중·고등학교용 시련과 극복》, 문교부, 1972.

《인문계 고등학교 국사》, 문교부, 1974.

《중학교 국사》, 문교부, 1974.

중학교 사회과교육연구회 편, 《중학 사회 2》, 한국중등교과서주식회사, 1975.

국사편찬위원회 1종도서연구개발위원회, 《중학교 국사》, 1979.

국사편찬위원회 1종도서연구개발위원회, 《고등학교 국사》, 1979.

국사편찬위원회 1종도서연구개발위원회, 《중학교 국사(하)》, 1982.

국사편찬위원회 1종도서연구개발위원회, 《고등학교 국사(하)》, 1982

한국교육개발원, 《중학교 사회 2》, 문교부, 1982.

한국교육개발원, 《중학교 사회 3》, 문교부, 1982.

국사편찬위원회 1종도서연구개발위원회, 《중학교 국사(하)》, 문교부, 1990.

국사편찬위원회 1종도서연구개발위원회, 《고등학교 국사(하)》, 문교부, 1990.

국사편찬위원회 1종도서연구개발위원회, 《중학교 국사(하)》, 교육부, 1997.

국사편찬위원회 1종도서연구개발위원회, 《고등학교 국사(하)》, 교육부, 1996.

국사편찬위원회 국정도서편찬위원회, 《중학교 국사》, 교육인적자원부, 2002.

국사편찬위원회 1종도서편찬위원회, 《고등학교 국사》, 교육인적자원부, 2002.

국사편찬위원회 국정도서편찬위원회, 《고등학교 국사》, 교육인적자원부, 2006.

김덕수 외, 《중학교 역사 2》, 천재교과서, 2013.

김형종 외, 《중학교 역사 2》, 금성출판사, 2013.

양호환 외, 《중학교 역사 2》, 교학사, 2013.

이문기 외, 《중학교 역사 2》, 두산동아, 2013.

정선영 외, 《중학교 역사 2》, 미래엔, 2013.

정재정 외, 《중학교 역사 2》, 지학사, 2013.

조한욱 외, 《중학교 역사 2》, 비상교육, 2013.

주진오 외, 《중학교 역사 2》, 천재교육, 2013.

한철호 외, 《중학교 역사 2》, 좋은책신사고, 2013.

권희영 외, 《고등학교 한국사》, 교학사, 2014.

김종수 외, 《고등학교 한국사》, 금성출판사, 2014.

왕현종 외, 《고등학교 한국사》, 두산동아, 2014.

정재정 외, 《고등학교 한국사》, 지학사, 2014.

주진오 외, 《고등학교 한국사》, 천재교육, 2014.

최준채 외, 《고등학교 한국사》, 리베르스쿨, 2014.

한철호 외, 《고등학교 한국사》, 미래엔, 2014.

논저·보고서

강선주 외, 《유럽 주요국의 교과서 제도 비교 및 정책 동향 분석 연구》, 연구보고서 2012-
      02, 한국교과서연구재단, 2012.

고유경, 〈변화하는 독일 역사교과서 – 자유발행제와 다원주의적 정체성을 향하여〉, 《역사
      비평》 108, 2014년 가을호.

곽병선 외, 《교과서 발행제의 다양화에 따른 자유발행제 도입 방안 연구》, 연구보고서

2004-6, 한국교과서연구재단, 2004.

교육부, 《한국사 교과서 발행 체제 개선안 마련을 위한 토론회》(자료집), 2014. 8. 26.

교과서포럼, 《대안교과서 한국근·현대사》, 기파랑, 2008.

국사편찬위원회, 《한국사 36: 조선 후기 민중 사회의 성장》, 탐구당 1997.

김일영, 〈북한 붕괴 시 한국군의 역할 및 한계〉, 《국방연구》 46(2), 2003.

김진영 외, 《교과용도서 국·검·인정 구분 준거 및 절차에 관한 연구》, 연구보고서 2010-2, 한국검정교과서, 2010.

김한종, 《역사교육과정과 교과서연구》, 선인, 2006.

김한종, 〈중등 역사교과서 개편의 과정과 성격〉, 《한국고대사연구》 64, 2011.

김한종, 〈이명박 정부의 역사 인식과 역사교육 정책〉, 《역사비평》 96, 2011.

김한종, 〈중등 역사교과서 개편의 과정과 성격〉, 《한국고대사연구》 64, 2011.

김한종, 〈비판적 사고를 위한 역사교과서 내용구성과 서술〉, 《역사문제연구》 30, 2013.

김한종, 《역사교육으로 읽는 한국현대사》, 책과함께, 2013.

노명순, 《한국사 교과서를 둘러싼 논쟁과 해법》, 여의도연구원, 2013.

류승렬, 〈한국사 교과서 발행 국정화 담론의 맥락과 성격〉, 《역사교육》 132, 2014.

방지원, 〈역사교과서 발행 제도의 세계적 추이에 비추어 본 최근 한국사 교과서 국정제 전환 시도의 부당성〉, 《교육과학연구》 20, 신라대학교 교육과학연구소, 2014.

방지원, 〈최근 한국 보수정부의 역사교육정책과 국가주의 역사교육〉, 《역사교육논집》 56, 2015.

배항섭, 〈조선 후기의 민중 운동〉, 한국사연구회(편), 《한국사의 길잡이 (상)》, 지식산업사, 2008.

변태섭 외, 《국사교육 내용전개의 준거안》, 1986년도 문교부 정책과제 연구비에 의한 보고서, 1987.

송상헌, 〈역사교육에서 역사교과서의 성격 규정 문제〉, 《사회과교육》 51(2), 2012.

양정현, 〈교과서 제도의 변천과 방향〉, 《역사교과서 '국정화', 무엇이 문제인가》, 모드니 교육정책포럼 열일곱번째 마당 교과서 정책토론회 자료집, 2014. 2. 11.

여의도연구소, 《초·중·고 교과서의 편향성 분석》, 2006.

유학영 외, 《국정도서 발행제도 개선에 관한 연구》, 연구보고서 '03-1, 한국교과서연구재단, 2003.

윤종영, 《국사교과서 파동》, 혜안, 1999.

이명희, 〈제7차 교육과정기 교과서 체제의 문제점과 개선 방향〉, 《역사교육》 82, 2002.

이명희, 〈한국의 국사 및 근현대사 교과서 편찬 시스템에 대한 재검토〉, 《한국의 국사학계
와 국사 교과서, 무엇이 문제인가?》, 교과서포럼 제3차 심포지엄 자료집, 2005. 9. 29.

이존희 외, 《국사교육 내용전개의 준거안 연구보고서》, 1993년도 교육부 정책과제 연구
비에 의한 연구보고서, 1994. 7.

이종국, 《한국의 교과서 출판 변천 연구》, 일진사, 2001.

장신, 〈한말·일제강점기의 교과서 발행제도와 역사교과서〉, 《역사교육》 91, 2004.

전국역사교사모임, 《우리 역사교육의 역사》, 휴머니스트, 2014.

정경희, 《한국사 교과서 어떻게 편향되었나》, 비봉, 2013.

정재정, 《한국의 논리》, 현음사, 1998.

조난심 외, 《초·중등학교 국정 도서의 검인정화 방안 연구》, 연구보고서 2004-3, 한국교
과서연구재단, 2004.

존 루이스 개디스 지음, 강규형 옮김, 《역사의 풍경》, 에코비스트, 2004.

차하순, 《역사의 본질과 인식》, 학연사, 1988.

하워드 진·도날도 마세도 지음, 김종승 옮김, 《하워드 진, 교육을 말하다》, 궁리, 2008.

허강, 《한국의 검인정교과서》, 일진사, 2004.

홍후조 외, 《교과서 발행 제도 개선 방안에 관한 연구》, 연구보고서 2007-3, 한국교과서
연구재단, 2007.

홍후조 외, 《교과서 개선 및 교과서 제도 개선 정책 제안》, 연구보고서, 한국검정교과서.

황정식, 〈근·현대 독일역사 교과서의 민족주의적 성향〉, 《경주사학》 22, 2003.

中村紀久, 《敎科書の社會史》, 東京: 岩波書店, 1992.

신문기사

이영훈, 〈우리도 건국절을 만들자〉, 《동아일보》 2006. 7. 31.

〈위태로운 교과서〉, 《시사인》 418, 2015. 9. 19.

〈김순덕 칼럼 - 그럼에도 '역사전쟁'에는 반대다〉, 《동아일보》 2015. 10. 12.

〈사설 – 역사 교과서 해법, 고품격·양질의 콘텐트에 있다〉, 《중앙일보》 2015. 10. 15.

김한종, 〈국정교과서를 말한다(상) – 한국 역사 교과서의 역사〉, 《한겨레신문》 2015. 10. 20.

김한종, 〈국정교과서를 말한다(하) – 일본과 독일의 국정 역사 교과서〉, 《한겨레신문》 2015. 10. 21.

〈민주화운동 인물만 자랑스러운 現교과서〉, 《매일경제》 2015. 10. 23.

〈박근혜의 역사 돌려세우기〉, 《시사IN》 423, 2015. 10. 24.

〈시월유신〉, 《한겨레21》 1090, 2015. 10. 26.

〈②유관순은 친일파 조작? – 기록물엔 3·1운동 영웅 확실〉, 《연합뉴스》 2015. 10. 28.

〈바른 역사교육 – ⑦교과서 개정 때마다 벌어진 '역사전쟁'〉, 《연합뉴스》 2015. 11. 1.

〈바른 역사교육 – ⑨거리로 나온 '역사권력'…헤게모니 충돌〉, 《연합뉴스》 2015. 11. 1.

〈역사 교과서에 스며들기 시작한 민중사학, 시작은 1990년〉, 《뉴데일리》 2015. 11. 8.

〈'6.25 전쟁' 대신 '한국전쟁' 고집하는 역사학자들〉, 《뉴데일리》 2015. 11. 19.

〈광복 70주년 특별기획: 김호기·박태균의 논쟁으로 읽는 70년 – (34)역사교과서 국정화〉, 《경향신문》 2015. 11. 25.

인터넷 사이트

〈우리역사넷〉 http://contents.history.go.kr/

〈올바른 역사교과서〉 http://www.moe.go.kr/history/

〈자료 대한민국사〉 http://db.history.go.kr/item/level.do?itemId=dh

"헌법은 교육의 자주성·전문성·정치적 중립성을 보장할 것을 규정한다. 역사 교과서 국정화가 헌법의 이런 정신에 들어맞는다고 생각하는 사람이 있을까? 나는 이 책에서 역사 교과서 국정화가 얼마나 정치적 성격을 띤 행위인지 보여주고자 했다. 역사관이나 역사 해석은 사람에 따라 다를 수 있다. 문제는 국가 권력의 힘으로 이를 하나로 통일하려는 것이다. 이런 역사 교과서는 학생들을 다원화된 민주 사회에 맞지 않는 수동적 인간, 획일적 인간으로 기를 뿐이다. 국정화의 근본적 문제점은 여기에 있다. 역사교육은 학생들에게 사고의 기회를 제공한다. 비판적 성찰을 통해 학생들을 자아의식을 가진 사회구성원으로 자라나게 하는 것이 역사교육의 가치이다. 국정 역사 교과서는 그런 사고 경험의 기회를 빼앗은 채 역사적 사실을 그저 암기의 대상으로 여기게 만들 것이다."

역사 교과서 국정화, 왜 문제인가

1판 1쇄 2015년 12월 24일
1판 2쇄 2016년 1월 4일

지은이 | 김한종

편집 | 천현주, 박진경
마케팅 | 김연일, 이혜지, 김유리
디자인 | 이석운, 김미연
종이 | 세종페이퍼

펴낸곳 | (주)도서출판 **책과함께**
　　　　주소 (121-896) 서울시 마포구 월드컵로 50 덕화빌딩 5층
　　　　전화 (02) 335-1982~3
　　　　팩스 (02) 335-1316
　　　　전자우편 prpub@hanmail.net
　　　　블로그 blog.naver.com/prpub
　　　　등록 2003년 4월 3일 제25100-2003-392호

ISBN 979-11-86293-37-9　　03900

이 도서의 국립중앙도서관 출판예정도서목록(CIP)은 서지정보유통지원시스템 홈
페이지(http://seoji.nl.go.kr)와 국가자료공동목록시스템(http://www.nl.go.kr/
kolisnet)에서 이용하실 수 있습니다.(CIP제어번호: CIP2015031940)

• 이 책은 알라딘 스페셜 북펀드에 참여해주신 삼백열세 분의 도움으로 출간되었습
　니다.